U0889591

本书获
2018 年贵州省出版传媒事业发展
专项资金资助

# 文景之治

郭建 著

贵州出版集团
贵州教育出版社

**图书在版编目（CIP）数据**

文景之治 / 郭建著 . -- 贵阳 : 贵州教育出版社，2020.8（2020.12 重印）
（星光丛书）
ISBN 978-7-5456-1161-8

Ⅰ . ①文… Ⅱ . ①郭… Ⅲ . ①文景之治－通俗读物
Ⅳ . ① K234.109

中国版本图书馆 CIP 数据核字（2020）第 146103 号

文景之治
WENJINGZHIZHI
郭 建 著

| | |
|---|---|
| 出 品 人 | 玉 宇 |
| 责任编辑 | 林鹏旭 张 炜 |
| 出版发行 | 贵州出版集团 贵州教育出版社 |
| 地 址 | 贵阳市观山湖区会展东路 SOHO 区 A 座（电话 0851-82263049 邮编 550081） |
| 印 刷 | 北京温林源印刷有限公司 |
| 开 本 | 889mm × 1194mm 1/32 |
| 印 张 | 9 |
| 字 数 | 181 千字 |
| 版 次 | 2020 年 8 月第 1 版 |
| 印 次 | 2020 年 12 月第 2 次印刷 |
| 书 号 | ISBN 978-7-5456-1161-8 |
| 定 价 | 23.80 元 |

如有印装问题，请与印刷厂联系调换。
厂址：北京市房山区琉璃河镇西地村环村西路 1 号院
电话：010-80397077 邮编：102431

# 前　言

在中国历史上，凡是社会富裕的时代，一般被称为某某盛世；而社会稳定、治安良好、百姓能够安居乐业的时期，则被称为某某之治。说起来让人不太敢相信的是，中国自西周以来三千多年的历史上，被史家评为理想的治安良好、百姓能够安居乐业的某某之治时期，只有西周初期周成王、周康王统治时期的成康之治，西汉初年汉文帝、汉景帝统治时期的文景之治，以及唐初唐太宗统治时期的贞观之治。三个时期加起来不过一百多年。

本书讲的就是文景之治。

这是一个在中国政治史上一直被称道和作为榜样的时代。“文”，是指汉文帝刘恒；“景”，是指他的儿子汉景帝刘启。这两个皇帝先后统治了整整四十年，正好是两代人的时间。这一时代后来被当作中国传统政治的典范。

这个时代从汉文帝刘恒以代王身份被推上皇帝宝座的公元前 180 年开始。

那么，为什么这个皇帝是被“推”上皇帝宝座的呢？

# 目　录

## 京城喋血



## 推上宝座

## 自有主张



## 黄老信徒



## 摆平功臣

## 法制改革



## 宽大之政



## 轻徭薄赋

## 扶植新锐



## 亲亲之道

## 国戚难题



## 怀柔安边



## 积极备战



## 罪在朕躬

## 遗言遗产



## 既定方针



## 定策削藩

## 七国之乱



## 苍鹰乳虎

## 均势难成



## 家事难平



## 并非结局

# 京城喋血

公元前180年，汉朝的京城长安（今陕西西安西北）发生了一场流血政变。

## 密谋反吕

农历七月间，掌权十五年之久的吕太后病死。这个生性残忍但又具有政治才干的女人在死之前作了政治安排：继承帝位的是时年才十五岁的刘弘——史称少帝，据说是冒充汉惠帝儿子的孤儿。她的一个侄儿、被封为赵王的吕禄，被任命为上将军，指挥中央军集群的北军；另一个侄子吕产，原先是宫廷禁卫军南军的统帅，在吕太后的遗书里被指定为相国。除他二人掌握军政大权之外，其他吕氏的亲属也遍布朝廷内外。

可她没有想到的是，就在她统治的最后几个月里，原来在她残酷屠杀、威吓政策压制下的刘姓皇族已经开始集结，准备反抗。

汉高祖的孙子、齐王刘襄的弟弟朱虚侯刘章是吕禄的女婿，是刘姓皇族中胆子最大的。吕太后没死的时候，才二十岁的刘章就已经很有名。有一次他参加吕太后举办的宴会，被吕太后指定为酒吏。刘章请求说：“我是将军的后代，请允许我按照军法行酒令。”太后同意了。酒过三巡，刘章唱起《耕田歌》：“深耕概种，立苗欲疏；非其种者，锄而去之！”这歌唱的是农民耕种时，要注意禾苗的间距，使禾苗有茁壮成长的空间；还要注意锄草，不是禾苗的杂草，要坚决锄去。这明显带有影射的意思。吕太后听了很不高兴，但也拿他没办法。过了一会儿，有个吕氏家族的臣僚喝得不行了，打算开溜，被刘章追上去，一剑斩了。刘章向吕太后报告说：“有个逃避饮酒的人，我已经严格按照军法将其斩首。”全场震撼，吕太后事先已经允许他按军法行酒令，所以也没有办法处罚他。这次宴会使刘章成了刘姓皇族在京城里的旗帜，吕氏的亲信见了他都怕，朝臣们也都依附朱虚侯刘章。

原来，吕太后家族及其亲信也是建立汉朝的功臣集团的组成部分，可是吕太后掌权的时候大肆扩张本家族的势力，甚至违反刘邦当年和功臣集团的盟约——非刘姓不得为王，这就影响到了功臣集团的既得利益。

等到吕太后一死，原来被她压制的功臣集团立即进行了新的组合，其中尤其以过去对吕太后很服从的太尉周勃和丞相陈平为代表。

陈平是汉朝的开国功臣，在吕太后当权时代，唯恐被吕太后迫害，经常称病不出。著名的说客陆贾来看望，陈平起先不知道陆贾的来意，不愿意出来见客。陆贾自说自话地闯进去，一屁股坐下，指责陈平说："为什么要这么多虑？"陈平说："你看我是在忧虑什么？"陆贾说："足下已经富贵至极，也没有什么欲念可言了，这么忧虑的话，不过就是考虑诸吕权势过大和这个小皇帝的事情罢了。"陈平被他说中心事，回答说："对呀！那么应该如何办呢？"陆贾说："天下安，注意相；天下危，注意将。将和相一联手，群臣都会拥护的，即使天下有变，权力也不会分散。社稷江山大计，都在您和周勃两位的掌控之中。我经常想和太尉绛侯周勃谈这件事，绛侯都与我打哈哈，转移话题。君侯为什么不与太尉搞好关系，结为同盟？"陆贾于是为陈平分析吕氏集团的情况，两人越谈越投机。后来陈平使用陆贾的计谋，趁着给周勃祝寿的机会，送了一份五百金的大寿礼，作为寿宴的开销。周勃也有所回报，于是掌兵权的太尉和掌行政的丞相结成了紧密同盟。

秦汉时朝廷里掌行政的丞相、掌军事的太尉以及掌监察的御史大夫，是朝廷中地位最高的三公。而当时被吕太后指定为御史大夫的曹窋，是功臣曹参的儿子，也开始和周勃、陈平联络。因此在吕太后统治的后期，控制朝廷的功臣集团已经开始与吕氏离心离德。

陈平还给了陆贾一百个奴婢、五十乘车马、五百万钱，用来联络京中朝臣。功臣集团暗中串联了朝廷，又和刘姓皇族暗中联手，开始组建反吕的统一战线。吕氏集团的势力开始衰落。

## 齐王发难

不过功臣集团的密谋并没有立即付诸行动，还是刘姓皇族集团行动更迅速。远离京城的齐王刘襄等吕后一死，立即宣布起兵反吕。

第一代齐王刘肥，是汉高祖的长子，但因为是曹氏生的庶子，没有继承皇位的资格。后来汉高祖分封子弟的时候，特意将刘肥封为齐王，管辖原来齐国的领地，规定凡是说齐国语言的地方都并入齐国。这样一来，齐国一共有了七十多个城池，成了第一大王国。吕后一直猜忌刘肥。汉高祖死后的第二年（前 194 年），齐王入朝，与汉惠帝一起宴饮，酒喝多了，两兄弟互相开玩笑，平礼相待。吕后抓住这个机会，要处死齐王。齐王吓坏了，好在他的谋臣向他建议，赶紧主动向吕后表示要献出城阳郡（治今山东莒县），作为吕后生育的鲁元公主的汤沐邑（国君、皇后、公主、诸侯王等收取赋税的私邑）。吕后这才允许他归国。

刘肥死后，他的大儿子刘襄继位为齐王，又被吕后打压，被迫割让了济南郡（治今山东章丘西）作为吕后新封的吕王吕台（吕后的侄子）的封邑，又割了琅邪郡（治今山东诸城）给吕后封的琅邪王刘泽。

齐王刘襄作为汉高祖的长子长孙，自认为有当皇帝的资格。听说吕后已死，他就与舅舅驷钧、郎中令祝午、中尉魏勃密谋起兵。中央派来的齐国国相召平不愿意参与密谋，也不同意起兵。召平听说齐王因为他不做同谋就要杀他，就发兵包围了齐王府。

可是召平没有想到中尉魏勃也参与了密谋，魏勃前来向他说："齐王打算发兵进攻长安，不过齐王没有汉朝发兵的虎符，没有办法调动军队。丞相发兵包围王府完全正确，我请求让我来指挥包围王府的军队。"

按照汉朝制度，中尉本来就是负责警戒王城的。召平相信了他，要魏勃指挥军队围困王府。不料魏勃一拿到指挥权，就指挥军队倒过来包围丞相府，召平只得自杀。

齐王刘襄宣布以舅舅驷钧为国相，魏勃为将军，祝午为内史，征发全国的兵力，出兵前往长安。齐王向各个诸侯国以及京城发去文书，说：

“高皇帝平定天下，将子弟封王，我父亲作为长子被封在齐国。我父亲死后，惠帝派留侯张良来立我为齐王。惠帝驾崩后，高太后因为年纪大了，任凭诸吕擅自废除高皇帝所立的皇族诸侯王，又杀死刘姓的三任赵王，灭了梁国、燕国、赵国，封诸吕为王，把齐国一分为四。忠臣进谏，主上被惑乱而不听从。现在高太后驾崩了，皇帝又太年轻，不能治理天下，全要靠大臣和诸侯维护，可诸吕又盘踞高位，集结军队，企图劫持列侯和忠臣，假称皇帝诏令来控制天下，汉朝的宗庙因此危在旦夕。现在寡人率兵入京，诛灭不应当称王的人。”

齐王的兄弟朱虚侯刘章和另一个兄弟东牟侯刘兴居则在京城里为齐王通风报信，串联朝臣。

齐王的军队开始进攻济南郡，受吕氏控制的朝廷命令开国大功臣之一颍阴侯灌婴带军队去讨伐齐国。可是这位统帅一离开京城就和部将商量：“吕氏集团拥兵关中，打算废了刘氏而自立为皇帝。我们如果真的打垮了齐国，不是让他们的势力更大了吗？”于是他在荥阳（治今河南荥阳北）集结完军队后就和齐国暗中停战，并派了使者去和齐王以及诸侯们谈判，等待着机会一起消灭吕氏集团。

## 争夺军权的暗斗

在京城密谋的功臣集团要和吕氏作对，需要夺取长安地区驻军的指挥权。没有军队，怎么来发动政变？

西汉在建都长安后，根据强干弱枝的国策，在长安附近部署了强大的军队。这支军队一部分驻扎在长安城南部的皇宫附近，另一部分驻扎在长安城北地区，分成南军和北军两大集群。这两支军队的指挥权一直是分开的，就是为了防止军队倒戈和发动政变。

南军也称兵卫，一般由朝廷九卿之一的卫尉指挥，总兵力有上万人，负责皇宫内的警卫，以及对宫殿门口的人员出入、公文的递送等工作进行管理，实际上是皇宫的卫戍部队。还有一批号为郎官的皇帝随从，由郎中令指挥。

北军平时可被视为京师地区的警备部队，战时则为战略预备队。一般由中尉指挥，士兵主要是从关中地区征发的正卒，每年轮换。同时关中地区郡县的地方驻军也归中尉指挥。北军的总兵力没有明确的记载，平时员额大约是数万人。关中地区所有适役男子实际上都是北军的预备役军人，紧急情况下可以动员组编为一支大军。

吕太后临死前安排了赵王吕禄为上将军控制北军，又让吕王吕产（后改封为梁王）控制南军。并告诫他们："吕氏封为王，功臣们都愤愤不平。我快要死了，皇帝年纪又小，功臣们可能会发动政变。你们一定要掌握兵权守卫皇宫，连送葬也别去，当心为人所制。"

可是她的侄子吕禄、吕产显然缺乏她那样的政治预见力以及能力。他们知道朝臣里有一股反对自己的暗流，也知道刘姓皇族集团正在密谋反对自己，却拿不出什么对策。

曲周侯郦商是汉朝老臣，他的儿子郦寄和吕禄的关系非常好。绛侯周勃与丞相陈平密谋，指使人劫持了郦商，以郦商为人质，要郦商的儿子郦寄去诱骗吕禄。

郦寄劝告吕禄说："高皇帝和吕后一起平定天下，现在刘氏封了九个王，吕氏封了三个王，都是群臣讨论过一致同意的。并且布告诸侯，都认为是妥当的。现在太后死了，皇帝年少，足下佩赵王的印玺，不急着到封国去为朝廷守卫边疆，反而留在京城当上将军，掌握军队，大臣、诸侯都会怀疑你想要发动政变。足下为什么不辞去将军职务，把军队交给太尉指挥，同时也请梁王吕产辞去相国的职务，与大臣一起结盟，发誓后各到封国去当国王？这样一来，齐王所谓吕氏要搞政变、消灭刘氏的谣言也就不攻自破了，只好停战收兵。群臣也能够安心，足下更能高枕无忧，当国王统治千里之地，这是万世之利呀！”

这样的话，吕禄居然也会相信，这足以证明吕氏根本没有取代刘氏当皇帝的阴谋。因为按照吕太后的安排，让一个刘氏小皇帝当傀儡，自己抓实权，是最稳妥的。

吕禄听信了郦寄的话，打算交出军队指挥权。他派人去和吕产以及吕氏集团的一些大臣商量，咨询意见。有的说好，有的说不好，吕禄仍然犹豫不决。

吕禄仍然非常信任郦寄，经常和郦寄出去打猎。有一次经过姑母吕媭家，就进去问好，并顺便征求姑母意见。吕氏集团里倒往往是女人更有政治头脑，吕媭一听就大怒，说：“你身为将军却要放弃军权，我们吕氏就没有安居的日子了。”说完便把珠玉、宝器都拿了出来，在堂下散发，说：“这些财产谁要谁就拿走吧，我也不要为别人来守护了。”

## 左袒右袒

吕氏集团犹豫不决，而刘姓皇族与朝臣却在秘密地迅速行动。到了前 180 年农历九月的一天，担任御史大夫的平阳侯曹窋正在和相国吕产讨论朝政，郎中令贾寿刚出使齐国回来，他向吕产报警，说：“大王不早点前往封国，现在已经走不了了。”他把掌握的情况向吕产交代：灌婴已经与齐王、楚王联手，打算消灭吕氏集团。请求吕产赶紧控制皇宫，把小皇帝抓在手里，防止朝臣发动政变。

他们没有想到身边的曹窋也是功臣集团的人。曹窋立刻向陈平、周勃报告，催他们赶紧行动。

周勃想进入北军军营夺取这支拥有决定性力量的主力军队的指挥权，但他没有职权，进不了军营。另一功臣襄平侯纪通当时担任保管皇帝符节的符节使一职，他擅自做主，将代表皇帝权威的符节交给了周勃。

周勃还怕不保险，双管齐下，又要郦寄与典客刘揭再去劝说吕禄。他二人谎称：“皇帝下令要太尉守护北军，想请足下去封国。还请足下立即交出将印辞职，否则要有灾祸发生了。”吕禄依然相信郦寄，真的将将军大印交给了典客刘揭代管，并表示了自己要辞职的意愿。

周勃赶到北军军营的时候，吕禄已经离开。周勃立即下达紧急集合的命令，他登高一呼：“所有将士，愿意服从吕氏的‘右袒’（袒露出右肩膀），愿意跟随刘氏的‘左袒’（袒露出左肩膀）！”全军将士果然都“左袒”，周勃由此控制了北军。

周勃依然担心南军的威胁。丞相陈平把朱虚侯刘章派来帮助周勃，周勃命令刘章监守军门，让御史大夫曹窋下达命令给护卫皇宫的卫尉："不准相国吕产进入宫殿大门。"

糊涂的吕产不知道吕禄已失去了北军的指挥权，自己来到未央宫，发现宫殿大门紧闭，不让他进去。吕产根本没有想到发动南军士兵，凭借武力进入宫殿，而平阳侯曹窋已经预料到这个危险，赶到北军军营要周勃发兵。

周勃还是不敢公开打出诛杀诸吕的旗号，只是命令朱虚侯刘章赶紧以保卫皇帝的名义带兵入宫。

刘章带了一千多名北军将士赶到未央宫，见吕产还在宫殿前的广场上，便让士兵上前抓捕。吕产拔腿便逃，这时正好刮起一阵大风，尘土飞扬，吕产的卫队没有得到明确指令，不敢与北军士兵对打。吕产逃进了郎中令府的厕所里，被追赶而来的北军士兵们砍死。

小皇帝刘弘得知宫门外发生战乱，派了谒者（皇帝的近侍）拿了代表皇帝的符节来宣诏，要求双方停战。朱虚侯刘章打算夺取符节，谒者不肯给。刘章索性绑架了谒者，将谒者与符节一起带回了北军军营，顺便还杀了吕氏集团的几个大臣。

周勃见了刘章，起立向他致敬，说："最担心的就是吕产。现在把他给杀了，天下定矣！"周勃派出军士连夜到长安城各处搜捕吕氏家族男女成员，抓到后无论少长全部砍头。第二天吕禄被捕并被立即处死，那位颇有政治头脑的吕媭则被活活打死。

长安城里的局面被基本控制后，陈平、周勃立即派了刘章去见齐王，向他报告吕氏集团已被消灭了，可停止军事行动。

可是灭了掌握实际权力的吕氏家族，杀了这么多人，这些大臣以及皇族怎么来收拾政局呢？怎么来对付皇位上的那个小皇帝？

这个统一战线的目标是反吕，目标一达到，各个集团都想扩大自己的利益，那么如何来找到一个平衡点呢？

## 善后关键

他们发动政变的理由有两个：一个是吕后封了自己的侄子为王，违反了汉高祖刘邦非刘姓不得为王的“白马之盟”；另一个是吕产、吕禄等吕氏家族的人准备造反，推翻汉朝——这显然是栽赃。我们从吕禄自愿交出军权、前往封地，吕产束手就擒的表现来看，很难得出他们正在密谋政变的结论。况且从动机的角度来说，吕后死后的政治格局对他们不是更安全、更有利？他们干吗要冒和刘姓皇族、功臣集团全面武力对抗的风险？

这两项政变的理由严格意义上是不成立的，因为只有在皇帝的命令下才可以处置违反非刘姓不得为王誓约之人，以及谋反的叛逆。从理论上讲，京城里还是有一位皇帝的，就是被吕太后当作孙子扶上皇位当傀儡的那个小男孩刘弘。因此，如果政变的参与者不另外立一个皇帝，怎么来证明他们政变的合法性呢？所以，当务之急是要另外立一个皇帝，越快越好。

那么，下一个问题是，找谁来当这个皇帝呢？

于是政变后的第二天，在京城里参与了密谋的皇族和大臣们就开始秘密集会，讨论如何善后。

他们达成的第一个共识是把政变进行到底。他们说，现在坐在皇帝位置上的少帝，以及在京城里几个被吕后封为王的所谓皇族，都是吕后找来的孤儿，养在宫中冒充汉惠帝的儿子，封王只是吕后壮大吕氏力量的手段。如果让少帝保留皇位，或者挑这几个人中的一个来当皇帝，等到他们羽翼丰满了，那么这些参与政变的大臣就都要被斩尽杀绝了。所以必须把吕后封的皇帝、诸侯王全部铲除，才能高枕无忧。

第二个共识就是要从分封在外地的刘氏诸侯王里挑一个最好的来当皇帝，还皇权于真正的刘氏皇族，这样才能够使这场政变名正言顺。

但究竟挑选哪一个来当皇帝，大家的意见就有了分歧。

当时并没有关于皇位继承顺位的明确法律。西周的礼制规定实行嫡长子继承制，可是在已经没有了嫡长子的情况下，是由次子还是长孙来继承，是没有定论的。

当时刘邦的嫡系子孙分封在外地的诸侯王并不多。刘邦死的时候还有八个儿子，后来被吕后杀了三个，两个病死，吕后的儿子惠帝也早已去世，只剩下代王刘恒和淮南王刘长。刘邦孙辈的诸侯王有好几个，其中就有起兵反吕的齐王刘襄。

从皇室的血缘、名分和消灭吕氏集团的功劳来说，应该是齐王刘襄。他是汉高祖刘邦的长孙，而且又是这次反对吕氏的首义，第一个打出反吕的旗号。他的兄弟朱虚侯刘章、东牟侯刘兴居在这次政变中也是关键人物。因此就有人建议说："死去的齐悼惠王刘肥是高祖的长子，现在的齐王就是高祖的长孙，因此可以请齐王进京来当皇帝。"

可是这个意见居然没有得到大家的一致同意，那么有名分、有功劳的齐王为什么不被看好呢？

# 推上宝座

吕氏集团被消灭后，功臣集团与皇族集团开始为善后工作开会，他们的共识是要另外立一个皇帝。可是究竟立谁最合适，一时间难以达成共识。

## 众推代王

让齐王当皇帝的意见一被提出，立即就有人出来反对。这个反对者也是皇族中的诸侯王，他就是琅邪王刘泽。

琅邪王刘泽在皇族里辈分很高，他是汉高祖刘邦的远房堂弟，参加过秦末战争，立有战功。可是在西汉初年分封诸侯王时，他因为是远房宗亲，只被封了个营陵侯。吕后掌权后，对刘姓皇族采取拉一派打一派的手段，有意扶植这位皇族元老，在大封自己的兄弟子侄为王的同时，把刘泽封为琅邪王，但是他的封国却是由从原来最强大的齐国割出来的十几个县组成的。由此，刘泽得罪了齐王刘襄。

这次齐王刘襄起兵的时候，首先派了自己的内史祝午去与琅邪王联系。祝午说：“齐王起兵征讨吕氏，考虑到自己是晚辈，没有带兵打仗的经验，而大王是跟着高皇帝打天下的，所以齐王想请大王来当这个总指挥，并愿意把齐国全国的兵力都交给大王来指挥。不过齐王不敢离开军营，请大王到临菑（在今山东淄博东北）军营一起商议大计，统率全军西征，平定关中的诸吕之乱。”

琅邪王刘泽听了当然很高兴，立即动身前往临菑。可是万万没有想到他一离开，他的琅邪王国就被祝午控制了，所有的军队都被齐军兼并，他一到临菑就被软禁。琅邪王刘泽也知道“人在屋檐下，不得不低头”，只好见风使舵，对齐王刘襄建议说：

“你父亲齐悼惠王是高皇帝的长子，你就是高皇帝的长孙，应该当皇帝。消灭了诸吕后就应该换皇帝。不过朝廷里的大臣首鼠两端、狐疑不决，在这件事情上没有个定论。我现在在临菑也没有事情，而且在皇族里辈分算是高的，年龄也算大的，不如让我入关进京去帮大王说一说，大臣们一定会尊重我的意见的。”

这个齐王刘襄也是个头脑简单的家伙，居然就同意让刘泽进京。他也不想想自己刚控制了刘泽的王国，能指望刘泽为他讲什么好话？

果然，在这个群臣秘密会议上，刘泽明确提出反对齐王当皇帝。当然，他没有说这是为了自己的私怨，而是从功臣集团的利益来讲。他说："齐王是高皇帝的长孙，是有名分，不过他的舅舅驷钧，性格暴戾，为人凶狠，简直如同'虎而冠'（戴了帽子的老虎）。刚刚平定了因吕后而起的大乱，现在立了齐王，有这么厉害的外戚家族，那就等于又出来一个吕氏家族了。"

这里说的这个驷钧确实是个厉害角色，在齐王起兵的时候他是主谋，逼死了朝廷任命的齐国丞相，自己当了丞相，指挥齐军和朝廷大军对峙。刘泽这么一说，扭转了会议的走向，大臣们的第一考虑是未来皇帝的外戚的势力是否强大，会不会威胁到自己的利益。

后来有人提出立淮南王刘长，也很快被否决，因为刘长年纪还比较小，还没满二十岁。

于是与会者的意见逐渐统一，唯一的选择是代王刘恒。代王的母亲是汉高祖的妃子薄姬，出身贫寒，薄氏家族没有功臣，薄姬的兄弟薄昭为人也比较厚道，是个"君子长者"。而且听说这位代王为人仁厚宽孝，又是现存的汉高祖儿子中的年长者。最后的一致意见是："推立高皇帝的儿子名正言顺，推立善良之人大臣们就可以安心。"

显然，这些参与会议的大臣的主要出发点是自己的既得利益不受触动，能够保持皇族集团与功臣集团这两大利益集团之间的势力平衡，而不是天下、国家的利益。

至于已经起兵的齐王，朝臣们并不怎么担心。大将军灌婴在荥阳，兵力远远压倒齐军。灌婴听说是魏勃带头建议齐王举兵的，派人叫来魏勃，责问他怎么可以劝齐王反抗朝廷。魏勃说："事出紧急，就好比失火之家，难道有先请示家长再救火的吗？"可魏勃在说这话的时候，两腿都在打战，再也找不出其他的话语来辩解。灌婴看了笑着说："有人说魏勃很勇敢，原来不过是个胆大的庸人而已，难道还能干什么事业？"就将魏勃放走了，灌婴的大军后来也撤走了。

不过，这个秘密会议的决议还有一个最大的漏洞：他们并不知道代王究竟愿意不愿意当这个皇帝。

## 宋昌决计

出人意料的是，代王本人对于这个君临万人之上的位置并不怎么动心。

当丞相陈平、太尉周勃秘密派去的使者来到代国的晋阳（治今山西太原西南）后，代王的反应极其谨慎。

代王刘恒召集了自己的亲信一起商议。他的幕僚中的大部分人的意见是要谨慎行事。郎中令张武提出的意见具有代表性，他说：

“朝中的这些大臣都是在高皇帝时带兵的将军，会打仗，多谋诈，都不是习惯听从命令的人，只不过是畏惧高皇帝、吕太后的威势而已。现在他们灭了吕氏，刚刚喋血京师，就派了使者来迎接大王进京，实在是不可相信。请大王对他们说身体不好，敷衍一下，静观其变。”

只有一个人挺身而出，建议代王果断答应大臣的邀请。这个人就是中尉宋昌，他是这样说的：

“刚才诸位的意见都不对。当年因为秦朝政治失败，群雄并起，豪杰自立，以为自己可以得到天下的人数以万计，可是最后登上皇位的只有刘氏，几十年来天下人已经不再有人有称帝的野心了，这是第一。高皇帝分封子弟为王，诸侯国各自犬牙相制，刘氏犹如磐石一般稳固，天下人只能服从，这是第二。汉朝建立后，废除了秦朝的苛政，简化了法律，实施惠民政策，老百姓个个安居乐业，任何人不能动摇汉朝的根基，这是第三。即使吕太后实施恐怖手段，将自己的子侄中的三人封为王，擅权专制，太尉周勃仅仅凭借一个代表皇帝的符节（没有正式调兵的虎符）进入北军军营，一声令下，所有的士兵就都袒露出左肩，表示愿意效忠刘氏，脱离吕氏，并终于得以消灭吕氏集团。这是上天的授命，不是单靠人力能够实现的。现在即使这些大臣企图叛乱，老百姓不服从他们的命令，他们的那些党羽难道能够专一效忠吗？现在朝内有朱虚侯、东牟侯这样的亲属，朝外有吴、楚、淮南、琅邪、齐、代这样的诸侯强国。而高皇帝的儿子只有淮南王与大王，大王又年长，您的贤圣仁孝，闻名于天下，因此我认为大臣们是顺应天下之民心而真的打算迎立大王，希望大王不要怀疑。”

宋昌这段话陈述了四大理由：刘氏当皇帝已得到天下的认可；刘氏诸侯国相互制约；民心向背；上天授命于刘氏。因此无须惧怕请代王即皇帝位是大臣们的阴谋，可以相信大臣们的诚意。

理由似乎很充分，可是代王刘恒并没有马上下决心。和幕僚们商量完了，他又去找母亲商量。但他母亲薄姬的意见并没有明确的记载。

我们只知道这位三思而后行的代王还找来了卜师，用一块烧过的乌龟壳上的裂纹来帮助自己作出决策。说来奇怪，那块乌龟壳上是一条横向的大裂纹，卜者解读：“大横庚庚，余为天王，夏启以光。”是个吉兆。代王说：“寡人已经为王了，还要得什么王位？”卜者说：“所谓天王，就是天子的意思。”

看来卜卦的结果给了代王刘恒更大的信心，他终于决心采取实质性的行动：派遣他的舅舅即薄姬的弟弟薄昭赶往长安，去见太尉周勃，打探确实的信息。这次周勃仔细向薄昭说明了迎立代王为皇帝的真实意图。

薄昭连忙赶回来报信，说："确实是要迎立大王，没有什么可疑的了。"代王刘恒听了舅舅的回报，才笑着对宋昌说："果然和先生说的一样。"

一旦下定了决心，代王就毫不犹豫，立即行动。他在听取了舅舅薄昭的回报后，当天就动身赶往长安。他让宋昌和自己坐同一辆车，向长安疾驶。同时让张武等六个人"乘传"（乘坐政府驿站提供的四匹下等马拉的马车），随后赶上。

那么，这位"静如处子，动如脱兔"的代王能够顺利到达长安并登上皇位吗？

那些发动政变的大臣是如何拥戴这个只有一车一侍从的光杆国王登上皇帝宝座的？

## 公言私言

代王刘恒赶到了长安。这段路以今天的里程计算也有五六百千米，在当时要走十几天。我们不知道代王刘恒在赶路途中想了些什么，可是根据他到达长安后的行动来看，他肯定拟定了一个行动计划，甚至还很可能设想了一个应急计划。

在到达长安北边的高陵县（治今陕西高陵）后，代王刘恒就暂停前进，让宋昌先进长安探路。宋昌赶到长安城外的渭河桥头，发现周勃已经带了群臣在桥头迎候，可见代王来京的消息已经传到了京城。

当宋昌陪同代王刘恒来到渭河桥头时，群臣都跪地拜谒，自称为“臣”。代王刘恒赶紧下车还拜。太尉周勃拜见，说：“请允许我上前一步说话。”宋昌立即在旁边阻挡，说：“所言公，公言之。所言私，王者不受私。”意思就是你如果说的是公事，就应该公开讲；你如果说的是私事，国王不受私人、私事的嘱托。

太尉周勃于是只好跪在地上，双手高举，奉上天子玺符，就是皇帝的大印、符节之类的皇权的象征。代王回拜，并不接受，只是说请群臣到代邸去商议——当时汉朝给每个诸侯王都在京城里修建了官邸，供他们到京城朝见时居住。

群臣到了代王的官邸，丞相陈平、太尉周勃、大将军陈武、御史大夫张苍、宗正刘郢、朱虚侯刘章、东牟侯刘兴居、典客刘揭等一起再拜，说：“刘弘等人都不是惠帝的儿子，不应当奉宗庙。臣等和京城里的王侯宗室以及领二千石俸禄的官员经过仔细商议，大家都认为大王是高皇帝年纪最长的皇子，应该即位为皇帝，请大王即天子位。”

到了这个地步，代王刘恒还是要推辞一下，以示诚意。于是他说：

“继承高皇帝的宗庙（就是当皇帝的意思），这是极其重大的事情。寡人不佞，不足以称宗庙（我没有才能，不足以当此大位）。还是请楚王（汉高祖的弟弟，当时年纪已经很大，不参与政事）更合适，寡人不敢当。”

群臣都趴在地上继续劝进，代王刘恒“西乡让者三，南乡让者再”。当时的人们很讲究座次：宾主的座次是宾客朝东坐，主人朝西坐；君臣的座次是君主朝南坐，臣下朝北坐。代王是先以主人（因为这是在他的邸舍）的礼节还礼推辞三次，然后再按照君臣的礼节推辞两次，表示逐步向正式的皇位靠拢。

群臣纷纷表示代王即位最合适，丞相陈平等都说：“臣等经过慎重考虑，认为大王奉高皇帝宗庙最是相宜，就是天下的诸侯和万民也都认为是最合适的。臣等为了宗庙社稷的大计，丝毫不敢马虎。伏愿大王接受臣等的意见。臣谨奉天子玺符再拜上。”

代王刘恒这才说：“宗室、将相、王、列侯都以为寡人继宗庙最合适，那寡人也不敢推辞了。”这虽然是客气话，但也隐含着这层意思：“这是你们推我上台的，可别反悔。”

代王收过了天子玺符，就算是即天子位——当上皇帝了。这已经是政变发生后的第四十九天了。

可皇宫里面还有一个皇帝。把那个皇帝除掉是个脏活，代王不能够自己做，更不愿意弄脏自己的手。

那么谁来干这个脏活呢？如何把代王刘恒这个半推半就的皇帝正式推上皇帝的宝座呢？

## 武力除宫

夺取皇宫的任务，当然会有人自觉跳出来做。当群臣在代邸按照朝见的礼仪排位置的时候，齐王的兄弟东牟侯刘兴居上前说话了："诛杀吕氏，臣没有立功，请把除宫这件事交给我。"

刘兴居这么积极当然是有所考虑的。他的大哥齐王刘襄本来是最有希望当皇帝的，可是眼见功臣集团并不认同，而且这个功臣集团也得罪不了：京城里的军队是由功臣集团控制的，和齐王处在停战状态的朝廷军队是由功臣集团的代表灌婴指挥的。刘兴居估计大哥曾有希望当皇帝的消息肯定会传到代王的耳中，因此不如直接为代王登上皇帝宝座出一把力。

东牟侯刘兴居与官居太仆的老功臣汝阴侯夏侯婴带上一批军队一起入宫。夏侯婴当年是惠帝兄弟的救命恩人，因此在吕后掌权时位置仍然很稳固，在朝廷里有很高的威望。东牟侯刘兴居进了宫殿，上前对着少帝刘弘说："足下非刘氏子，不当立。"指挥两边持戟的侍卫带着兵器离开。有几个不愿意离开的，被主管殿中事务的宦者令张释一番劝谕，也跟着离开了。

夏侯婴叫皇宫里的侍卫们用皇帝坐的乘舆送刘弘出宫。刘弘早知道大势已去，心里害怕，问："你们打算如何安置我？"夏侯婴说："让你出去居住。"他们先把刘弘暂时安置在少府衙门里。

夏侯婴、刘兴居要殿里的侍卫们准备好全套皇帝出行用的法驾——如果要更郑重的话，应该准备大驾，即动用八十一辆马车，由公卿开道，大将军参乘（陪乘）。法驾公卿不参加，只由管辖京城的京兆尹、主管京城治安的执金吾、京城的地方官长安令开道，侍中参乘，一共是三十六辆车，到代邸去迎接代王，报告说："宫谨除。"

可是实际上皇宫里并没有被清除彻底。这个时候已经是傍晚时分，代王刘恒来到皇宫的未央宫门前，在皇宫的端门，又有十名谒者持戟守卫，阻挡车列前进，说："天子在也，足下何为者而入？"——皇帝还在，你们要进皇宫去做什么？

代王刘恒仍然不愿意亲自出手，立即派人去叫太尉周勃。太尉周勃赶来，劝告威吓一番，这十名谒者也扛着兵器离开了，代王这才得以进入皇宫。

好不容易进了皇宫，这个上午才被推上皇位的光杆皇帝，究竟是个什么样的人？

从上述过程可以知道，盘踞在京城的功臣集团，是为了自己的既得利益，希望皇帝是个容易受他们操纵的傀儡，才挑选了他们认为势单力薄的代王当皇帝。那么，他们的愿望能够实现吗？

# 自有主张

上一章我们已经交代了，功臣集团和皇族集团为了自身利益消灭了吕氏集团，为了使他们的政变合法化，也为了保持势力均衡，他们推出了代王刘恒来当皇帝。

那么代王刘恒会成为一个听任他们操纵的傀儡皇帝吗？还是他自有主张？他被推上皇帝宝座后究竟会如何行动？他是如何来对付推举他上台的这两大集团的？

这个光杆皇帝，当上皇帝的第一个晚上是前180年农历九月三十日，是个没有月亮的漆黑的夜晚。这位皇帝是如何做到“一夜权到手，便把令来行”的？

## 初露锋芒

夜晚时分登上皇帝宝座的代王刘恒——我们现在应

该使用历史上的称呼，叫他汉文帝了——当晚就进行了火速而又缜密的部署。

第一道命令就是夺取军权。他当夜立即拜宋昌为卫将军，“镇抚南北军”，也就是迅速把中央军这两大集群的指挥权交到自己的亲信手中。

另一道命令是保证皇宫的绝对安全，把赶来的自己王国的郎中令张武，任命为主管皇宫守卫、指挥宫殿内警卫部队的朝廷郎中令，并要他立刻亲自带领皇宫卫队在宫殿巡逻检查，来一次由自己亲信主持的、足以让他放心的除宫。

在这同时，朝廷的有关部门也派出了军队，将刘弘等所谓惠帝的儿子全部杀光。这是否是出于文帝的授意？史书上没有记载。我们回忆一下，文帝被推上皇帝宝座时，不愿弄脏自己的手去除宫，那么可以有理由相信，这应该是那些报复心重的皇族们最后的疯狂。

汉文帝也不闲着，他并没有入后宫休息，而是半夜里坐上前殿的宝座，连夜起草诏书，一大早就立即发出。

这道诏书为什么要急着立即发出？

是不是要说明自己是刘邦的儿子，拥有真正的统治合法性，以此来警告一切明面上或潜在的皇位觊觎者？

或者是为了给那些拥戴他上台的功臣及贵族集团一点回报？

都不是。

## 给百姓实惠

这道诏书的内容，在《史记》里面有记载："最近以来，诸吕用事擅权，谋大逆，企图危害刘氏的宗庙（皇权）。幸好将相列侯、宗室大臣把他们消灭了，这些人全都已经'伏其辜'。朕初即位，大赦天下。赐民爵一级，女子百户牛酒，酺五日。"

我们现在不知道《史记》上记载的内容是诏书的原文还是摘要。反正从现存的这个文本来看，我们马上会发现这里有一个模糊的地方：文帝对自己是怎么即位的这一点完全回避了，只提到了皇族、功臣这两大集团消灭诸吕的功绩，至于这两大集团拥戴自己、把自己推上皇帝宝座这件事情则根本不提。显然，他并不想让外界太清楚这件事，以避免自己皇帝位置的合法性存在任何的疑问。

诏书的后半部分完全是争取民心的政策。

大赦是中国古代经常采取的政策，就是由皇帝宣布赦免全国臣民以前的一切罪过，一切在押待审、待决的罪犯全部不再追究罪责，释放回家；一切已经被判决服刑的罪犯也全部可以释放回家。当然，实际上每次大赦令里都会有一些不得赦免的特殊罪名。从汉朝开始，已经形成惯例，每当皇帝去世，或新皇帝即位，朝廷总要颁布一次大赦。不过在这次诏书发布的两个月前，吕太后死的时候已经大赦过一次。

爵位，是从秦国沿袭过来的制度，当时全社会都实行严格的等级制度，所有的良民按照爵位分为二十个等级：

士：公士、上造、簪袅、不更。

大夫：大夫、官大夫、公大夫、公乘、五大夫。

卿：左庶长、右庶长、左更、中更、右更、少上造、大上造（或称大良造）、驷车庶长、大庶长。

诸侯：关内侯、彻侯（后为避汉武帝刘彻的名讳改称列侯）。

有爵位的人就有相应的特权，比如在衣食住行、婚育丧葬等各个方面都有特定的标准。平民（士伍）见了有爵位的人就要让路致敬，每一级爵位的人都可以从国家获得一定的耕地和住宅用地，可以出任一定的官职。反过来，如果占有的土地超过了自己的爵位应有的面积，就构成“田宅逾制”之罪，严重的就是“豪强”。

爵位可以继承，但是除了彻侯、关内侯的爵位可以由嫡长子继承外，其余的爵位一律实行减等继承法。

据西汉初年《置后律》的规定，大庶长至左庶长的嫡长子都一律降等为公乘，以下又一律减两等继承，五大夫嫡长子为公大夫，公乘嫡长子为官大夫，公大夫嫡长子为大夫，官大夫嫡长子为不更，大夫嫡长子为簪袅，不更嫡长子为上造，簪袅嫡长子为公士。以下两级爵位没有继承权。换句话说，即使是大庶长爵位的获得者，五代以后其家族就没有特权地位了。

商鞅变法时规定战场上斩得敌军一名甲士（重装步兵）的首级，就可以获得一级爵位。这是一个基本的原则：任何人为国家作了一定的贡献，都可以得到一级爵位。可是汉文帝一上台，就前所未有地赐全体男性居民一级爵位，这在当时对于百姓是一件很实惠的举措。除了得到荣耀外，更重要的是已有的超过了爵位限制的私有土地都得以合法化，不再是“田宅逾制”了。

“女子百户牛酒，酺五日”。男子赐予爵位，女子赐予牛和酒，据说每一百户赐一头牛、十石酒（按照张家山出土的吕后时期的《赐律》，政府赐给百姓酒肉是有专门的制度的：每人一斗饭、五斤肉、大半斗酒）。古代民间不得宰杀耕牛，不准吃牛肉，也不准在非节日的日子里聚众饮酒。只有朝廷下令，才可以公开吃牛肉、聚众饮酒。

“酺”就是合法地公开一起饮酒。这种举措在过去也是有过的，史书上记载，推行胡服骑射的赵武灵王在灭了中山国后，最早举行过这样的庆祝仪式。秦始皇在灭了楚国，以及统一六国后，也曾两次下达大酺令。不过仅仅因为皇帝即位就举行这样的仪式，的确是汉文帝的创举。

按照秦国以来奉行的法家理论，有功赏，有罪罚。现在文帝连夜下发的这道诏书，赏赐的是对他取得皇位没有任何功劳的百姓，他是在给全国发出一个什么样的信号呢？

我们可以断言，他是在发出新的政治信号：他将在注重民生、给百姓实惠的基础上来巩固汉朝的统治；相对于功臣、皇族这些既得利益集团，他更注重把刘氏皇权的统治基础安置在平民之上。

## 论功行赏

汉文帝在博取民心的同时，小心翼翼地维持着推自己上台的两大利益集团之间的平衡。

坐上皇帝宝座后的第一个早晨，汉文帝还在继续工作。他又发出一道诏书，将在秘密会议上反对齐王即位、力推自己的琅邪王刘泽改封为燕王。原来的燕王刘建在前一年（前 181 年）病死，儿子又被吕太后杀掉，没有了继承人，燕国被朝廷收回。现在文帝把琅邪王刘泽封为燕王，领有大片国土，既让刘泽大为满意，同时也给了齐王一个好处，表示要将原来从齐国分出去的琅邪国国土归还给齐国。

汉文帝发出的另一道诏书，是将被吕太后逼迫自杀的赵王刘友的儿子刘遂封为赵王。

显然，为了表示“亲亲”的意思，文帝首先照顾的是皇族集团的利益，同时力求保持微妙的平衡，消弭皇族诸侯王之间的不和，特别注重与长辈燕王刘泽、晚辈齐王刘襄的关系。

第三天，汉文帝举行了正式的即位大典。他先去太庙拜谒了汉高祖的牌位，表示自己是从父亲那里继承了皇帝的权力，而不是继承了惠帝、吕后的统治。然后他登上了皇帝宝座，接受文武群臣的三跪九叩大礼，这次他可是正襟危坐、不再还礼了。

在这次朝会上，汉文帝还宣布将原来被吕太后下令剥夺的齐国、楚国的部分封地，全部归还给这两个王国。

第四天，汉文帝再次上朝，派遣自己的舅舅、已经被封为车骑将军的薄昭，回到晋阳去迎接自己的母亲，预定上尊号为皇太后。

在第四天的朝会上，汉文帝才开始对推举自己起到了最重要作用的功臣集团正式论功行赏。不过在诏书中，他也是只提这个集团的代表人物消灭吕氏集团的功劳，拥戴之功就尽在不言中了。

周勃加封为万户侯（可以获取一万户平民的赋税作为自己的收入，原来已经是八千一百八十户），还赐予五千金，肯定周勃有首功。

这里赐予的“金”，是一个有争议的问题。按照秦始皇统一全国后建立的货币制度，黄金为“上币”，以“镒”(二十两）为单位；铜钱为“下币”，称为“钱”或“文”，铜钱的形制为“半两”。从理论上讲，每一万钱可以兑换一金。后来汉高祖继承秦朝制度，仍然实行这套金钱并行本位的制度（货币史专家彭信威先生所定名），只是把一金的单位改为一斤（十六两），仍然万钱兑一金。不过在整个两汉时期，皇帝赐金的数量太大了，根据彭信威先生的统计，仅仅在《汉书》中记载的皇帝赐金总重量就达到了二百七十七吨之多！如果实际赐予的是铜，那根据法定的万钱一金的比价，铜的总重量也要接近两万五千吨，实在是太多了点。所以这个问题还有争议。

丞相陈平、大将军灌婴，封为三千户侯，赐予二千金。

替他干了脏活了杀了吕后立的小皇帝、小国王的皇族也不能忘记，只是这个功劳实在是不好明说。尤其是当时决定皇位的秘密会议上原本打算推举齐王的言论可能也传到了文帝的耳朵里，于是笼统地将朱虚侯刘章、东牟侯刘兴居这两个齐王的兄弟，加封为二千户侯，赐千金。

至于齐王刘襄，却没有得到任何褒奖。想来原因也很简单：一来他首先起兵反吕与汉文帝当上皇帝并没有直接的关联；二来没有朝廷之命，擅自起兵，实在不是一件值得褒奖的事情。

襄平侯纪通，就是为周勃搞到符节使周勃得以进入北军军营的那位，也同样加封为二千户侯，赐千金。

典客刘揭，就是那个为周勃做说客、诱骗吕禄交出军权的人，加封为阳信侯，食二千户，赐千金。

封赏达到了平衡，现在汉文帝是否就可以放心地稳坐皇帝之位？

还没有。他还需要功臣集团再次效忠，杜绝再次发生政变的可能性。

## 早立太子

就在汉文帝登上皇位的三个月后，春天的第一个月到了。丞相、御史大夫等群臣请求汉文帝立即立太子。

汉文帝先是予以推辞，说："朕已经是不德之人，即使不能够广求天下贤圣有德之人，把天下禅让出去，也不应该自己先立太子呀，这样做是向天下表明我的不德了。不要再提这样的建议了！”

在推辞中讲到禅让皇位的事情，这位皇帝显然还是在担心朝臣再来一次政变把自己赶下台，诱使群臣再表一次忠心。

群臣当然都明白这个道理，于是丞相、御史大夫率领群臣再来劝谏：“预立太子，就是为了表示尊重宗庙和社稷、不忘天下的意思。”这些话也可以理解为保证支持汉文帝为刘氏王朝的正统皇帝。

汉文帝还要推辞，他还要再试探一下群臣对其他刘氏皇族成员的态度。他说：“楚王，是我叔父辈的长辈；吴王，是我的堂兄弟；淮南王，是我的弟弟。他们不都是可以作为皇位候选人吗？现在不经过选拔，说一定要选择皇子为继任者，别人会认为朕遗忘了天下贤能有德之人，是个只顾自己儿子的皇帝，没有为天下担忧的意图！”

丞相、御史大夫率领群臣只好再次表示忠心，明确推选太子的人选：“古代的商朝、周朝都保持了上千年的太平局面（实际上各维持政权数百年），就是因为王位传子不传贤。继承人必须是儿子，这已经是长久以来的习惯了。高皇帝平天下为太祖，子孙继嗣世世不绝，现在如果放弃传子的习惯而从诸侯、宗室当中另外选择继任者，这肯定就不是高皇帝的意愿了。再讨论这件事是不适宜的。皇子刘启最为年长，纯厚仁慈，请将他定为太子。”

汉文帝这才松了口，表示同意。

这段推来推去的立太子过程，实在和三个月前群臣推举刘恒为皇帝的情景极为相似。汉文帝都是要到群臣的话完全说尽、完全明确人选后才表示接受，同样隐含着要群臣无保留地表示效忠的意思。

朝臣集团极力推动立太子一事当然也不完全出于一片赤诚之心，他们擅自发动政变、迎立汉文帝主要是为了恢复朝廷势力平衡的局面。他们看准了汉文帝没有强大的外戚势力，希望能够把皇权相对不强、外戚势力不大的局面维系下去。

薄昭迎来了文帝的母亲——薄太后。文帝在把自己的长子封为太子后，“顺便”封了舅舅薄昭为轵侯。

## 由疏而亲的封赏

至于那些从代国跟来的亲信，汉文帝一直到即位五个月后才予以赏赐。文帝在三月间的一次朝会上宣布：“当时大臣们诛杀诸吕、迎接朕，朕尚且狐疑未定，手下的众臣也都因为爱护朕而劝告朕不要来长安，只有中尉宋昌力劝朕，朕才得以保奉宗庙。现在尊宋昌为卫将军，封为壮武侯。当时跟随朕来长安的六位大臣，级别都要提高至九卿。”

在这次朝会上，汉文帝仍然谨慎地保持着朝廷内势力的平衡，同时又宣布当年跟随汉高祖进入汉中的六十八位已有侯爵爵位的功臣各加封食邑三百户，在高祖时期担任过二千石以上高官的十位功臣加封六百户，目前担任地方长官的申徒嘉等十位功臣加封五百户，担任卫尉之类九卿级别的十位官员加封四百户。在功臣集团之外，又给了皇族的亲属们一些好处，封淮南王的舅父赵兼为周阳侯，齐王的舅父驷钧（就是那个被刘泽形容为“虎而冠”的人）为清郭侯。

短短的几个月里，汉文帝刘恒的行动已经表明，他绝不是一个甘心当傀儡的皇帝。他具有谋定而动、举重若轻的政治智慧，有着把握政治局势以及平衡政治势力的能力。

那么他的这种执政理念是从哪里来的？他是在怎样的环境里度过他的少年时代的？他接受的是怎样的教育？

# 黄老信徒

汉文帝刘恒，究竟是如何成长起来的？

## 与苦命母亲相依为命

刘恒人生中第一位重要的导师，应该是他的母亲。

他的母亲姓薄，是个典型的薄命红颜。她的父亲是江南吴地人，秦朝的时候不知道为了什么来到了中原魏地，结识了魏豹领地里的一名妇女，两人好上了。不过在极其有限的史籍记载里，并没有他们正式结婚的记录。只是说薄氏出生后不久，她的父亲就死了，她的母亲把她拉扯大。

薄氏出身低微，不过天生丽质，长大后是个美女。到了秦末，乱世英雄起四方，魏豹被反秦武装推举为魏王。薄氏被母亲献到魏王王宫当宫女。当时著名的相面人许负给薄氏相过面，说这个姑娘现在命苦，将来有大富贵，有当太后的命，应该会生一个天子。这话传到了魏豹耳朵里，这个野心家心中暗喜。

这时魏豹正在帮刘邦打项羽，他觉得按照许负的说法，将来薄氏会生天子，那么自己肯定就有当天子的命。既然自己都可以当天子了，干吗还要帮刘邦打天下？于是他趁着刘邦打了败仗的机会，宣布武装中立，暗中却帮助项羽，打算趁刘项相争，自己渔翁得利。结果这个如意算盘只是一厢情愿，很快汉军大将韩信出兵，曹参指挥军队攻进魏国国都。魏豹当了俘虏，国土被并入汉，划为河东（治今山西夏县西北）、太原（治今山西太原西南）、上党（治今山西长治西南）三个郡。

苦命的薄氏作为女奴，被押到织室（为宫廷提供纺织品的工场），成了一名女工。好色的刘邦偶然来织室视察，见薄氏长得很漂亮，就命令把薄氏带到自己的后宫做宫女。

在逆境中，薄氏没有绝望。她注重与其他宫女搞好关系。她和另外两个宫女结拜为姐妹，大家约好以后富贵了还要牢记这份情谊。过了一年多，薄氏还是没有被刘邦召见过，而她的两个要好女伴，一个姓管的，另一个赵子儿，都被御幸过了。有一次，这两个美人陪同刘邦在河南宫成皋台游玩，两人记起了和薄氏的约定，相视而笑。刘邦追问原因，便知道了薄氏的处境，一时生了同情心，当天就把薄氏叫来陪了自己一晚上。

薄氏尽管命运坎坷，但却极能够抓住改变自己命运的机会。在陪侍刘邦时，她说自己昨晚做了个梦，梦见有一条苍龙盘踞在自己的肚子上。刘邦只当是玩笑，说：“这是得富贵的征兆，我来帮助你实现吧！”巧得不能再巧的是，就是这一个晚上，让薄氏怀上了刘邦的龙种刘恒。

刘邦的女人实在太多，那一次之后很少召见薄氏。后来他知道薄氏替他生了个儿子，就给了薄氏一个姬（据说排在婕妤之下、八子之上）的称号，实际上却不再把她放在心上。

不过薄姬却因祸得福：后来汉高祖刘邦一死，凡是汉高祖喜欢的、经常召见的妃子全都被吕后禁闭在宫中，之后又全被杀光了。而对几乎被汉高祖遗忘的薄姬，吕后却没有嫉恨之心，允许薄姬和自己的儿子一起居住，前往儿子的封国代国，还可以将弟弟薄昭也带到代国。

薄太后对于汉高祖刘邦的薄情或许是有一点记恨的，对迫害了众多妃子的吕后也是惧恨难消。后来她预先给自己另外造了个陵墓，有意不和汉高祖合葬——因为吕后是与汉高祖在长陵（在陕西咸阳东）合葬的。

她给自己选的陵墓地址，正好在文帝的霸陵（在陕西西安东）和高祖的长陵之间。她说这是“东望吾子，西望吾夫”。即使死了，她还是和汉高祖保持着若即若离的状态。

那么，刘恒在远离权力中心的代国又是如何成长的呢？代国的环境又是怎样的呢？

## 在远离权力中心的地方成长

我们可以合理地推想，刘邦是没有闲心来关心这个偶然降临人世的儿子的。这个孩子一出生就和他母亲相依为命，在皇宫里孤单地成长。

刘恒在五岁那年被他父亲封为代王。

代国是个多灾多难、位于边防前线的诸侯国。刘邦一开始对于匈奴的防御战略是在边境设立诸侯国，作为汉朝和匈奴的缓冲地带。前200年刘邦在平城（治今山西大同东北）白登山（在今山西大同东北）被匈奴包围，好不容易才得以脱身。他就把自己的二哥刘喜封在代国，相当于今天河北、山西交界的太行山北部地区，管辖云中（治今内蒙古托克托东北）、雁门（治今山西右玉南）、代（治今河北蔚县东北，一说治今河北阳原）三个郡共五十三个县，都城为代。

这位汉朝的第一任代王刘喜，原来是种田的一把好手，是刘邦老爸最喜欢的孩子，当年刘邦老爸老是拿这个好儿子做例子来教训刘邦。刘邦一直到当了皇帝还记得这事，为他老爸进酒时还问："今天我和二哥谁的产业大呢？"

不过种田和打仗完全是两回事，我们有理由怀疑刘邦这样做很有可能是要出他二哥的丑。刘喜这个代王才做了几个月，匈奴就打了过来，刘喜居然弃国而逃，一口气逃到洛阳（今河南洛阳），不敢到京师见刘邦。

刘邦又立了儿子刘如意为代王，但这个儿子也不敢就国，仍然留在长安。

过了三年，前 197 年，赵国的丞相陈豨发动叛乱，自立为代王，与匈奴遥相呼应。刘邦御驾亲征才把他镇压下去。

刘邦于是改封刘恒为代王，并把这个代王的王国疆域变了一下，将处在边境的云中郡分割出去，归朝廷直接控制指挥。在云中郡的东部地区分割出一个定襄郡（治今内蒙古和林格尔西北），仍属于代国，再给代国增加一个太原郡，都城也迁到今天山西的中部，有人说是中都（治今山西平遥西南），也有人说是晋阳。这表明刘邦已经放弃了设立诸侯国为边防屏障的战略，改为设立直接由中央控制的边郡来作为边防前线。代国因此成为下辖四个郡、经济较为发达的大国。

刘恒在当代王的这段时间，逐渐步入成年。从五岁到二十二岁，他经历了儿童、少年、青年的人生阶段。按照当时汉朝的制度，诸侯国的政治掌握在中央朝廷派出的诸侯国丞相手里，国王不用也不可以多操心。

我们只知道在这段时间里，他长期和母亲相依为命，对母亲非常孝顺。据说有一次他母亲生了三年的重病，一般说久病床前无孝子，可是这位国王居然连续三年陪伴在母亲床前，“不交睫，不解衣”，所有母亲要服用的苦药汤他都要先品尝过再让母亲服用。袁盎曾当面称赞汉文帝，说这样的孝行即使是古代最有名的大孝子、孔门弟子曾参也比不上，“（曾参）以布衣犹难之，今陛下亲以王者修之，过曾参孝远矣”。由此他被后儒列入了“二十四孝”，成为古代永久的精神文明标兵。

在这段时间里，刘恒是如何学习治国的道理的？他又实践了多少治国的理念？

## 学习黄老之学

我们现在不知道代王刘恒的老师是谁，也不知道他在代国有什么好的政绩。我们只能从他成长时期汉朝统治者提倡的意识形态，来推测他曾经受到过的教育。

秦始皇以及他的继承人都推行法家高压统治，导致社会矛盾尖锐，秦朝迅速覆灭。汉高祖确立统治后，逐步调整统治政策。在恢复诸子百家合法讲学的同时，开始在朝廷提倡黄老学说。汉高祖的重要谋士张良信奉道家思想，在惠帝、吕后时期长期当丞相的曹参、陈平都可以被划入实践道家思想的政治家。

道家在过去一般称黄老，有《黄帝》和《老子》两部经典。《老子》一直完整地保留到了今天，而《黄帝》这部经典后来流传不广，今已亡佚。20 世纪 70 年代出土的一批西汉初年的著作，有《经法》《十六经》等，一般认为就是《黄帝》的一部分。

对汉朝政治指导思想转变影响最直接的是功臣曹参。他在楚汉战争后期一直在齐国担任相国、丞相。据说他在当政之初，就召集了齐国的“长老诸生”——当地有名望的学者、豪绅，征询有关治理国家的意见。齐国这个地方曾经是战国时期的文化中心，保留着强大的儒家传统势力，可是曹参征询了上百个儒家学者的意见，觉得他们的意见纷繁，不能统一看法。后来他听说胶西有位老学者叫盖公，精通道家的黄老思想，就派了专门的使者带了重礼去聘请。

盖公来到临菑后，曹参很恭敬地向他请教，盖公为他陈说了黄老学说的基本政治思想：“治道贵清静而民自定。”也就是说推行的政治举措要少，不要使百姓觉得烦扰，百姓自然就会服从统治。盖公还推而广之地举了很多实例。曹参极其佩服，于是就请盖公在衙门里住下。为了表示尊敬，曹参从不在正厅接见盖公，而是登门向盖公求教。

曹参在齐国主政了九年，他主政期间齐国长期保持社会稳定，曹参因此受到了政界的一致推崇，号为贤相。汉高祖死后的第三年（前 193 年），老丞相萧何去世了。曹参过去和萧何在沛县（治今江苏沛县）是老同事，后来大家都成了将相大臣，关系却很僵。曹参听说萧何死了，立刻叫家人收拾行李，说“我要到朝中当丞相了”，而萧何果然向执掌实际权力的吕后推荐曹参接替自己的职务。不久曹参就得到了任命，来到朝中任丞相。他一方面“萧规曹随”，不改变萧何的既定方针，维持原有的法律制度，不作大变更；同时他又推行黄老学说清静无为的政治指导思想，尽力避免朝政多变，不搞特别的举措，使黄老学说成为汉朝初期的政治指导思想和官方主导哲学。

这种官方哲学的基本观点是：万物都是相互依存的，物极必反。统治者没有什么可以永久维持其统治地位的依靠，因此最重要的是保持平衡，不能过度压迫百姓，要将剥削维持在一个百姓还能够忍受的限度之内。同时，统治政策不应多变，力求以不变应万变。

汉初统治集团提倡的黄老道家学说，自然也会反映在皇子的教育过程中，给皇子请的教师，总得是信服当时政治主导思想的。在湖南长沙马王堆汉墓出土的当时的政治书籍，主要是道家的著作，如《老子》《经法》。

那么，黄老思想的具体政治含义究竟是什么呢？这种道家学说还在哪些处世方法中有所体现呢？

## 德的提倡

如果读一下文帝时期的诏令，我们就会发现，和前面的汉高祖、吕后或者之后他的儿子景帝、孙子武帝相比，文帝的诏令中用来评判事物标准的政治术语“德”这个字，出现的频率要高得多。可见这是他一贯的主张，这应该来自他青年时代接受的教育。

“德”字原来的写法是上面一个“直”字，下面一个“心”字，意思很明显，就是一个人要把自己的心思端正了，不要动歪脑筋。后来这个字再演化，把“直”字中间的部分横过来，并加了表示行列步伐整齐之意的双人旁，强调循规蹈矩、不胡作非为。

“德”字还通假“得”字，表示得到实惠的意思。“德我惠我”，就是给我好处的意思。

到了百家争鸣的时代，德作为一个政治概念，被道家的黄老、儒家的孔孟、法家的商鞅和韩非广泛使用，可是具体的含义、侧重点各有不同。

儒家祖师孔夫子提倡德治，强调的是统治者要以身作则，作为天下的表率，以道德的感召力来带动被统治者的服从与跟随。他说："为政以德，譬如北辰，居其所而众星共之。"意思是统治者如果能够以身作则的话，就可以像北极星那样，让全天下都围绕着他来运转。他又说："君子之德风，小人之德草。草上之风，必偃。"意思是说上等人君子的德有强大的感召力，而下等人小人的德像草一样，只能顺着风的方向弯腰、服从。

法家也有关于德的学说。不过在作为秦国政治指导思想的商鞅、韩非的学说里，德只是国王对于臣民的赏赐。有功赏，就是德；有罪罚，就是刑。合起来就是政治的两大抓手。显然，这里的德仅仅是从得到实惠这个角度来说的。至于统治者要约束自己，成为臣民的表率，这是法家反对的。他们认为这实在太迂阔、太荒唐，没有办法真正做到。

黄老学说极其注重德，《老子》一书也叫《道德经》。黄老学说认为统治者的命运是由德决定的，"德积者昌，殃积者亡"。德被认为是统治者维持统治的最重要的因素。黄老学说的德包含了"德"字的两个含义：既要求统治者以身作则、自我约束，尤其是要爱护百姓；又要求给予百姓物质上和精神上的好处，让他们得到实惠，所谓“德者，爱勉之也”。还主张在统治中要结合法律手段与德治手段，而且德治是第一位、主导性的，是代表生长的，是代表宇宙万物最基本的道理阴阳中的阳的力量的，所谓“春夏为德，秋冬为刑。先德后刑以养生”，“刑晦而德明，刑阴而德阳，刑微而德章”。汉初提倡黄老学说，就是要矫正秦朝过度使用法律的惩罚功能来解决社会治理问题的倾向，强调法律只能起辅助的作用。

因此，我们从汉文帝刘恒异乎寻常地对德的提倡中，可以断定，他少年及青年时代接受的应该是黄老道家之学。

所以，他才会一坐上宝座就急着给百姓好处，来平衡过于强大的皇族、功臣集团的势力。

## 伺机而动的智慧

刘恒还有一点受到了他母亲的直接影响，这就是道家提倡的“守柔曰强”“柔弱胜刚强”的原则，即所谓“守雌”“守柔”，伺机而动。

他的母亲具有强大的忍耐力以及抓住机会的能力。如果说长期被冷落，才和汉高祖刘邦一夜恩情，便能够抓住机会怀上龙种是运气好；那以后她长期忍耐，不加入宫廷争宠、固宠的派系斗争，最终在吕太后掌权时全身而退，便是智慧了。

刘恒在这一点上与他的母亲实在是太相像了。

在吕后掌权的时间里，他默默无闻，从不出头反对吕后的专政。

吕太后连接杀了三个赵王后，曾经派出使者到代国，说打算将代王改封为赵王。

汉初的赵国位于今天的河北及山西南部，是原来战国七雄之一的赵国的一部分，都城邯郸（治今河北邯郸）是战略要地。吕后连杀三个赵王，除了朝廷权力斗争的因素外，很重要的一个原因是这个王国位于战略要地。因此刘恒考虑再三后，很谦卑地给吕后的使者回话，说感谢太后的美意，但自己愿意为朝廷守护边境，留在代国。不久，吕太后果然把自己的侄子吕禄封为赵王。

长安发生政变后，他的表现更是淋漓尽致地反映了他的性格特征。在采取行动前，他认真、细致地分析、准备，一旦作出决策，则极其迅速地行动，真正做到了“静如处子，动如脱兔”。

那么回到开头的问题，他从一开始就决心要把刘姓王朝的统治基础放在争取百姓的认同上，但直接给百姓实惠的措施显然是难以为继的。如果人人都有了爵位，那么爵位就没有了意义，国家财政更不允许这样做。必须找到真正可以持续实施的措施。

这位凡事深思熟虑的皇帝会采取怎样的政策来作为给百姓的礼物？

更紧迫的任务是，强大的既得利益集团盘踞着长安，功臣集团长期掌握着军权，这位新皇帝将如何来面对？

# 摆平功臣

发动政变、消灭吕氏集团、拥戴汉文帝上台的，主要是功臣集团。这个集团是汉朝的支柱，但也是一个巨大的威胁。刘邦刚死，吕后的手下就担心这个集团势力太大，而且和刘氏皇族集团一起从平民起家，刘邦一死，就可能取而代之，于是建议吕后将功臣全部杀光。

汉文帝是被这个集团选中的，他看到了功臣集团在朝廷盘根错节的势力，尤其是周勃进北军军营振臂一呼的巨大号召力。等到他上了台，如何对付这个集团，就成为他的主要课题。

现在皇位基本坐稳了，实权是否在皇帝手中呢？

发动政变、消灭吕氏集团的主导人物是周勃。他是功臣集团的代表性人物，文帝会如何对待他？

## 功臣并非社稷之臣

史书上说周勃“木强敦厚”“重厚少文”，其实就是委婉地说他是一介武夫。他和刘邦是同乡，原来是个织蚕簿（养蚕的器具）的手工业者，有时在别人办丧事时充当一下吹鼓手。跟随刘邦起兵后，他能够拉开强弓，战功卓著。帮助刘邦打下天下后，他仍然不改武夫本色，“不好文学”。有时叫了读书人来给自己讲些道理，自己大大咧咧地坐在朝东的主位上，催促请来的读书人：“快给我开讲！”不过刘邦觉得他很朴实，所以在临死前曾对吕后说：“周勃重厚少文，然安刘氏者必勃也，可令为太尉。”后来吕后掌权的时候，周勃一直担任太尉，所以在军中有很大的号召力。

发动政变、迎立汉文帝后，周勃觉得自己的功劳很大，有点居功自傲，在和大臣的交往中难免会表现出来。聪明的陈平就故意让着他。在汉文帝正式登基的第一次大朝会上，陈平出班上奏，表示愿意交出丞相的职位。文帝问他为什么要辞职，陈平回答说：“高祖皇帝的时候，周勃的功劳不如臣；但是这次消灭吕氏，臣的功劳不如周勃。因此我愿意将右丞相的职位让给周勃。”当时朝廷里以右为尊，右丞相为第一，左丞相为第二。于是汉文帝来个折中，下令陈平担任左丞相，周勃担任右丞相，原来的大将军灌婴为太尉。朝廷里最高级别的政、军职位，由功臣集团里资格最老的三个人来分别担任。

周勃在朝廷中成了一人之下、万人之上的右丞相，更加志得意满；陈平故意谦让，经常称病不出。周勃的自我感觉越来越好，常常在朝会结束时昂首挺胸地退出，一副得意扬扬的样子。而汉文帝则做出很尊重他的样子，站在那里目送他出宫。

中郎袁盎问汉文帝："陛下以为丞相是个什么样的人？"

汉文帝回答："是社稷之臣。"

袁盎却说："绛侯（周勃）是功臣，但不是社稷之臣。所谓社稷之臣应该和君主同进退，君主在位时他忠心辅佐，君主不在位时依然施行政道。可是过去吕后掌权时，诸吕用事，擅自为相为王，刘氏就好比将要断裂的破布带子，那时绛侯也是太尉，主掌着兵权，却不能匡正这样的局面。等到吕后死了，大臣们一起商量，要消灭诸吕，太尉还是在主掌兵权，正好顺应，使之成功。因此他只是功臣，不是社稷之臣。现在如果丞相当着君主的面有骄傲神情，陛下还要谦让的话，作为大臣和君主就都失礼了。我深为陛下惋惜。"

在这之后，汉文帝在朝会时，都做出威严的样子，对周勃不再客气。后来不知怎么搞的，周勃也知道了这件事，专门去指责袁盎，说："我和你大哥关系这么好，你这小子竟然敢说我坏话！"可袁盎也没有向他道歉。

周勃的气势被压了一下，可是他的职权并没有减少。

汉文帝能否推动功臣集团占据主导地位的朝廷按照自己的愿望推行政务？他的改革能成功吗？

## 监督皇帝的第一助手

不久后，汉文帝开始熟悉朝廷的事务，逐渐过问政务的细节，与两位丞相打的交道越来越多。

有一次召见丞相时，汉文帝突然问周勃："去年全国一共判处了多少罪犯？"周勃没有准备，只好老实回答："我不知道。"汉文帝又追问下去："那么全国一年的赋税收入是多少呢？"周勃还是不知道，只能谢罪。

周勃觉得很狼狈，"汗出沾背"，实在下不来台。

汉文帝转过头去问左丞相陈平。陈平是老丞相，对于具体的政务应该是清楚的，可是他如果照直回答出具体数目，就损了周勃的面子。因此他也不正面回答，而是绕着圈子来回复汉文帝："这些都各有主管的官员。"汉文帝问："由谁来主管的？"陈平不慌不忙地回答说："陛下如果问审判罪犯的数目，应该去问主管审判的廷尉；如果问赋税收入的数目，应该去问主管财政的治粟内史。”

汉文帝见两个丞相都答不出什么名堂，碰了个软钉子，心里有点不高兴了，带着点责备的口气追问：“如果是各有主管的话，那你们是主管什么的呢？”

陈平一本正经地回答：“主臣（感叹词，诚惶诚恐的意思）！陛下不嫌弃我们两人智力平庸，让我们在丞相这个职位上待罪。而丞相的职责，往上说是辅佐天子顺应阴阳四时的自然之道，往下说是让世间万物各得其宜；对外而言是镇抚四夷诸侯，对内而言是亲附百姓，使卿大夫各任其职。”

这番话的意思是丞相应该是辅佐皇帝走正道、统管大事的助手，而不是为皇帝办理庶务的下属。

汉文帝听了没了脾气，倒过来称赞说左丞相说得好。等到两位丞相退出的时候，汉文帝恭恭敬敬地站立着目送。

周勃很是窘迫，出了宫殿后指责陈平说：“你平时怎么不教教我如何回答皇帝的问题？”陈平笑着说：“你坐在这个位置上，难道还不知道这位置的责任？况且刚才即使正面回答了问题，陛下继续追问长安城里的盗贼数目，你还打算照实回答吗？”

周勃这才知道自己比起陈平来还差得远。有人劝周勃：“您是诛诸吕、迎代王的功臣，现在自以为功劳高，接受了重赏，居于尊位，要担心有灾祸及身。”周勃于是顺水推舟，称病休息，左丞相陈平一人独揽政务。

这个回合的交锋以汉文帝的退让告终。

汉文帝甘心做一个永远被丞相教训、督导的皇帝吗？秦始皇传下来的政体是这样运行的吗？

## 双手连环计

陈平执政了一年多，就生病去世了。汉文帝再次起用周勃来执政，拜为丞相。

可就在周勃当丞相刚满一年的时候，汉文帝发表了一通诏书，说：“朕听说古代的诸侯建国长达千余年，各自守卫自己的封土，按时向朝廷朝贡，百姓也不辛苦，上下都和睦欢欣，德惠万民，没有人干不道德的事。现在国家所封的列侯都居住在长安，与自己的封地相隔很远，封地的百姓及官吏要向侯爵进贡物资，长途运输很辛苦。而且列侯们也没有办法教育、训导自己封地的人民。朕现在下达命令，所有的列侯都应该到封地去居住。有的列侯现在正在担任大臣职位，或者是因皇帝下了诏书停留在长安，其长子也要立即前往封地。”

这道诏书公布后没几天，汉文帝又下诏说：“前几天朕下诏，要列侯前往封地，可是有的列侯至今还没有出发。丞相是我最尊重的人，请丞相带头，率先出发就国。”

接下来顺理成章，汉文帝宣布免除了周勃的丞相职位。丞相由另一位头等功臣灌婴来担任，而灌婴原来一直担任的太尉一职，朝廷则宣布“省官”，不再任命，军事指挥权从此被归并到丞相府。

而长安地区的军事指挥权则早已被分离出来，由新设的卫将军、兼任中尉的宋昌管理。

这好像是玩了一回连环计，一下子解除了功臣集团中最有权势、最有地位的两大标志性人物的职权，消除了再发生一次京城军事政变的风险。

周勃到了他的封地绛县（治今山西曲沃西南）时的心情如何？没有任何记载。不过我们可以合理地推断，应该是有点悻悻然吧。到了封地，周勃只是闲居而已。那时的侯国已经被置于上一级官府郡的监管之下，没有了行政、人事的自主权力，只是侯国的赋税由侯爵享用。每年郡守都会巡行视察下属的侯国。对此周勃很紧张，总以为是来袭击他的。每次河东郡郡守或郡尉来巡视，他都全身披挂，家人也全副武装地出去迎接。这种待客方式，自然会增加地方官府对他的反感。

河东地方政府是否会给周勃一些优待呢？周勃真

的能够颐养天年了吗？

## 季布的插曲

当时的河东郡郡守是季布，奇怪的是，汉文帝在让周勃去河东封地的那段时间里，把这位郡守召到了长安。

按照《史记》的记载，汉文帝犯了一个美丽的错误：

有人推荐季布，说他忠诚能干，于是汉文帝打算任命他为御史大夫。可是把季布召到长安后，又有人说这个人空有勇猛，好酒使性，难以接近。于是汉文帝就把季布晾在邸舍，让他足足等了一个月。

季布火了，上朝时进言说："臣无功窃宠，待罪河东。陛下无故召臣，这一定是有人讲臣的好话来欺骗陛下。现在臣到了长安，无所任命，又要臣离开，这一定是又有人讲臣的坏话了。陛下因为一人之称誉而召臣，又因为一人之毁谤而让臣离开，臣恐怕天下有识之士听说了就知道了陛下处事的深浅。"

汉文帝无言以对，沉默了很久，才想出一句话来，说："河东郡是我的股肱地域，因此特意召见你。"

季布大概觉得汉文帝太难伺候，索性辞去官职。

季布是个传奇人物。他原来就是楚国著名的侠客，反秦起义时跟随项羽为部将，在楚汉战争期间，曾经几次率军打败汉王刘邦亲自指挥的军队，弄得刘邦狼狈不堪。等到战争结束，刘邦在全国通缉季布，悬赏千金，并威胁有人如果敢隐匿季布，罪及三族。季布躲到濮阳周氏家，这周氏也很有侠气，说："汉朝急着缉捕将军，既然将军来到我家，如果将军能听我的话，我才敢献计；如果不能听，我愿意自杀。"季布同意采纳周氏的意见。于是周氏将季布的头发、胡须剃个精光，给他脖子上套上戒具铁钳，让他穿上褐色服装，将他打扮成一个重罪犯，关进大栅栏马车，把他混在几十个奴隶中一起赶到山东去卖，季布果然因此而混过了重重关卡。

季布被卖给了山东的朱家（人名）。朱家是个大侠，知道季布是通缉犯，便让他管理农田，并要自己的儿子每顿饭都要陪季布一起吃。有一次，朱家来到洛阳，去见汝阴侯滕公。朱家是滕公的老朋友，在滕公那里住了几天，才询问："季布犯了什么大罪，朝廷如此急迫地通缉他？"滕公说："季布当年为项羽几次打败皇帝，皇帝因此怨恨，一定要抓到他泄恨。"朱家说："那你觉得季布是个怎样的人？"滕公说："好人哪。"朱家说："臣子各为其主，季布当时为项羽部将，那是他的职责。难道可以把项羽的臣民都杀光吗？现在皇上刚得了天下，就为了自己的私怨抓捕一个人，这不是向天下宣示自己的见识短浅吗？季布能力这么强，万一被逼北走匈奴、南走南越，就是忌壮士以资敌国，好比当年伍子胥鞭楚平王之墓的故事。你为什么不劝告皇上？”滕公猜测到朱家隐匿了季布，于是答应了。不久，汉高祖果然回心转意，赦免了季布，还召见了他，拜季布为郎中。

汉高祖死后，季布担任了中郎将，成为汉军的重要将领。当时匈奴单于曾写信来联络，信中有调笑吕后的语句，吕后大怒，召诸将讨论。吕后的亲信、上将军樊哙立即表态：“我愿带十万军队，横行匈奴地界。”其他将领也都迎合吕后的意思，一致赞同樊哙的建议。只有季布坚决反对，说：“樊哙应该处以死罪！当年高皇帝率兵四十余万，还被匈奴包围在平城，现在樊哙居然号称能够以十万军队横行匈奴地界，当面欺君！尤其是在当前战争创伤未平之际，樊哙就想挑起大战，是要动摇天下！”此言一出，全场惊恐，吕后下不来台，宣布退朝，以后再也没有讨论打匈奴的事了。

作为一员猛将，季布后来担任了地方长官，他似乎不是担任御史大夫的适当人选。

所以这段插曲很值得玩味。从汉文帝一贯的处事风格来看，他是非常谨慎的。这样近于荒唐的人事安排与决定，好像与他一贯的做法有别。但是如果我们从另外的角度来推想，这或许是汉文帝上台后决计排斥功臣集团特别是武将集团的又一步骤吧。从朝廷的角度来看，季布这样的猛将假如和周勃联手，占据河东来反对朝廷，那就是朝廷的噩梦。所以，这或许是汉文帝防患于未然的举措吧。

那么，周勃到了封地后汉文帝是否就将他淡忘了呢？

## 狱吏的威风

周勃在封地才住了一年多，告发他在封地准备谋反的告密信就被送到了长安。汉文帝下令将周勃抓到长安来，由廷尉审讯。

周勃从来没有这样的经历，受审时不知道怎么才能说清楚，审讯的官吏则百般侮辱谩骂他。周勃害怕了，许诺给审讯官吏以千金的好处。那审讯官吏也不说话，只是在审讯时故意把记录审讯过程的木牍竖起来，周勃定睛看过去，只见那木牍的背面写着五个字——以公主为证。

原来周勃已经和汉文帝结了亲，他的长子周胜之，已经确定要娶汉文帝的女儿。审讯官吏是在点拨周勃向薄太后求救。

说起来，实际上这并不用审讯官吏来点拨。周勃和汉文帝的舅舅薄昭的关系就很好。当年汉文帝给周勃的赏赐、加封的食户，周勃都转给了薄昭。周勃被捕后，薄昭立即去找了姐姐薄太后，薄太后以为周勃肯定不会谋反。

汉文帝前来探望母亲，薄太后没有给他好脸色，随手将身边的头巾照着汉文帝劈头扔过去，说："绛侯当年拿着皇帝的玉玺，率领北军雄兵，也没有想到要造反。现在住在一个小县里，难道还会造反吗？"

号称天下第一孝子的汉文帝好像对母亲大发脾气并不在意。虽然连连叩头请罪，可他并不退让，说要看审讯的结果才能定案。

直到廷尉上报了审讯结果及记录周勃不肯认罪的供词，汉文帝才派出使者，拿着代表皇帝的符节，到廷尉监狱里去赦免周勃，宣布恢复周勃所有的爵位和封邑。

周勃被捕，在朝廷里引起很大的波动，大臣们人人自危，几乎没有人敢出头为周勃说好话。只有原来指责周勃并非社稷之臣的袁盎，反复向汉文帝进谏，说周勃绝不会谋反。

周勃出狱后，感叹说："我曾经率领过百万大军，从来不知道狱吏有如此的威风！"他听说只有袁盎为他说情，便从此和袁盎结为好友。

和之前对季布的安排相似，汉文帝在处理周勃的案件上显然相当不光明正大。可以合理地推想，这位被功臣武将推上台的皇帝，最害怕的也是功臣武将集团，他用了一些冠冕堂皇的理由逐渐将功臣武将集团势力削弱。看来他还认定，需要用这样一个案件来敲山震虎，威慑其他的功臣武将。

汉文帝处心积虑地提防并排斥功臣武将集团或许做得有点过了头，现在看来，当时或许并不存在武将们再次造反的可能性。

在排除功臣武将集团的潜在威胁的同时，汉文帝还需要解决的问题是，皇权的基础究竟需要建立在哪些方面之上？

# 法制改革

汉文帝被推上皇帝宝座后，考虑要以民心来作为刘姓王朝的统治基础。那什么才是最好的争取民心的途径？当时的普通百姓最需要的究竟是怎样的善政？

## 严刑酷法的遗患

大家都知道，点燃秦末农民起义烈火导火索的正是秦朝自己的法律。陈胜、吴广带的一批服兵役的农民走到大泽乡（在今安徽宿州东南），因为暴雨，已经没有办法按时赶到服役地点。于是吴广号召大家说："根据法律，我们服役迟到就要全部被处死。一样是死，大丈夫要死就死个轰轰烈烈，不如大家一起造反！"

现在我们知道，吴广的这段话引用的法律很可能只是他动员群众的语言，事实上根据湖北云梦出土的记载秦国法律条文的竹简，服役迟到的惩罚只是训斥，最重的处罚不过是“赀一甲”（罚出一副皮甲）而已，并不是死罪。不过他这个谎言居然能使九百多名百姓一致决心造反，说明秦朝的法律确实不得人心。后来陈胜、吴广发动的这场农民起义，主要的口号就是“诛暴秦，伐无道”，可见秦朝的暴政确实是当时百姓痛恨的焦点。

刘邦入关后，宣称当时关中“父老苦秦苛法久矣”，于是来了个“约法三章”：“杀人者死，伤人及盗抵罪。余悉除去秦法。”这大概只是一个政治姿态，现在一般认为“约法三章”或许只是对于刘邦所率领的楚军的约束，表示楚军有侵犯秦朝百姓的，要按照法律处理。后面那句全部废除秦朝法律的说法，很可能只是后来史籍作者的发挥，不会是当时的真实情况。

实际上刘邦集团的主要领导成员都是秦朝的低级官吏，他们熟悉的只有秦朝的法律。萧何进入咸阳秦皇宫后，搜集了全部的户籍、地理资料，很可能也带走了秦国保存在皇宫的最权威的法律抄本。因为按照《商君书》的说法，秦国的法律是这样保存的：宫中保留的法律文本为最权威文本，丞相府留一个抄件，让各地官吏前来抄写，带回当地以便遵循。各地如有疑问，到丞相府来查对，仍然存疑的，就要请求皇帝核对皇宫保存的文本，并以宫中的原本为最终文本。等汉朝的统治一稳固，萧何就整编了原来秦朝的法律，略加删改，作为汉朝的法律颁布。

用现在发现的吕后统治时期的汉朝法律（保存于湖北张家山汉墓）来对比秦朝的法律（保存于湖北云梦睡虎地秦墓），我们可以看出，语言、风格极其相近，内容一致的条文连文字的变化都不大。有些史籍记载的刘邦和吕后时期曾经宣布废除的一些秦朝法律，大多仍然保留。

比如从当时的刑罚来看，秦律与汉律是完全一致的，主体都是残害罪犯身体的肉刑。主要有毁容的墨刑，割鼻子的劓刑，砍去前脚掌的斩趾，破坏生殖功能的宫刑。所有的罪犯在接受肉刑后还要从事各种苦役。而且这些苦役都是终身服役，分为：城旦舂——男犯为官府筑城，女犯为官府舂米；鬼薪白粲——男犯被派去从事伐木之类的苦役，女犯被派去从事粮食加工的苦役；司寇——为官府侦查犯罪活动或在边境充当敢死队性质的侦察兵。这些苦役犯实际上都成了官府的奴隶，子子孙孙都没有人身自由。即使被朝廷大赦后，他们仍然不能居住在普通的村落里，必须被隔离。城旦舂以及受过肉刑的罪犯被编为“隐官”，列入专门的户籍。

另外一个由秦律延续而来的刑罚，就是严厉的连坐制度。比如有一部专门的《收律》，规定凡是被判处鬼薪白粲以上刑罚的罪犯的家属一律都要“收孥”，被收孥的罪犯家属号为“收人”，被分配到各个衙门充当隶臣妾——为官府提供勤杂劳务的奴隶。当时政府的勤杂工作一律由这些隶臣妾承担，以至于在专门的《仓律》里，有大量关于隶臣妾生活待遇的标准：如夏天和冬天分别给多少口粮，而且要根据年龄长幼以及工作性质等来确定发放标准。

废除、改造这些残酷的法律，是汉文帝面临的第一大问题，也是塑造他施行仁政形象的关键步骤。

## 废除收孥连坐

汉文帝元年（前179年）十二月，在熟悉了朝廷政务后，汉文帝采取了法制改革的第一个重大步骤：发布“尽除收孥相坐律令”的诏书。

他在诏书里提出：“法律，应该是施政、治理的最公正的工具，是用来禁止暴行、保护好人的。可是现在的法律却规定，凡是被认定为犯法的，就要连坐罪犯无辜的父母、妻子、子女、同胞兄弟姐妹，并将他们收为奴隶，朕非常不赞同。有关部门讨论一下，将这个法律全部废除。”

这时候他还没有在朝廷中建立起自己的威信，将他推上台的功臣集团并不拿这个命令当回事。他命令有关部门讨论，而有关部门给他的报告全都是一样的：不应该废除这个法律。有关部门的意见都说：“百姓不能自己管好自己，所以才要用法律。连坐他们的家属，就是要使他们有所顾忌，不敢轻易地犯罪。这是沿用很久的传统法律，还是不要更改为好。”

汉文帝立即予以严厉的批评，说：“朕听说法律正当的话，老百姓就遵守；判刑公正的话，老百姓就服从。更何况引导百姓向善的人，正是官吏。官吏既不能正确地施加引导，在老百姓犯了错后又用不公正的法律来定罪处罚，这不是反过来残害人民的暴行吗？怎么可能禁止百姓犯错？朕看不出保留这个法律有什么好处，请进一步讨论。”

朝廷的有关部门只得表态：“陛下对百姓施加莫大的恩惠，恩德宏大，实在是臣等所不及的。请求按照诏书，废除收孥以及亲属连坐的法律。”

这些和汉文帝改革意志作对的有关部门，应该是以周勃、陈平两位丞相为代表的既得利益集团。他们看不出有什么改革的必要，尤其觉得没有了连坐，对于百姓的威吓手段就打了折扣，不利于维护自己的权威。而汉文帝施行仁政，很快赢得了对朝臣集团的第一个重大胜利。

## 废除诽谤妖言罪名

秦朝设立诽谤妖言的罪名，用来对付批评朝廷、危害统治的言论，实行思想专制。秦始皇就是因为认为那些在背后议论他的博士（秦朝官名，指掌管书籍文典、通晓史事以备咨询的官职）及其弟子在诽谤他，所以才实行“坑儒”的。

这些以人们的言论来定罪的法律，是最为人们所痛恨的。汉初统治者出于笼络民心的目的，曾经几次宣布要废除这些恶法，可是每次都不了了之。比如吕太后掌权时，曾经下诏书说：“孝惠帝生前曾经打算废除三族罪、妖言令，讨论还没有结果，惠帝就驾崩了，现在应该把这些法令废除。”这应该是她为了能继续掌权而玩弄的一个政治手段，可是没有下文。

汉文帝在当政后的第二年（前 178 年）五月，下令废除诽谤妖言罪。

他在诏书中说：“古代为了治理天下，在朝廷专门设立接受百姓建议的‘进善之旌’，以及供百姓批评朝廷的‘诽谤之木’，用来使治理的国家政令畅通，表示欢迎批评的进谏。现在法律有诽谤妖言的罪名，使得群臣不敢尽情对国家提出建议，皇帝没有办法知道自己的过失。这怎么能够招揽远方的贤良人士？把这项罪名废除了吧。另外，百姓之间有时因为怨恨互相暗中诅咒，有的人后来又去官府告发，官吏就以‘大逆’的罪名来追查；在追查中听说百姓有其他言论，官吏又会以诽谤来处理。这些都是小老百姓因愚蠢无知而犯的死罪，朕很不以为然。从今以后，有告发别人诅咒的，官府不得受理。”

这是汉文帝法制改革的第二个重大步骤，这次没有受到什么阻碍，丞相周勃领导下的有关部门很快贯彻了改革，正式废除了这项最容易被恶人、官吏用来害人的罪名。

到了他当皇帝的第七年（前 173 年），汉文帝又下令将司法权进一步集中到地方政府，禁止列侯及其太夫人、夫人，以及诸侯王子、二千石级别的官员擅自抓人、捕人。

## 小女子上书引发改革契机

把上述最为当时百姓痛恨的残酷法律废除，只是汉文帝法制改革的起点。他仍然孜孜不倦地寻找着将法律推向文明、人道的机会，酝酿着要对以肉刑为主体的刑罚体系实行重大改革。

这个机会终于在他当政的第十三年来临。

汉文帝十三年（前 167 年），齐国看守太仓（国家的粮仓）的官员淳于意犯了罪，应当受刑。奉皇帝诏令，他将被押送到长安接受审判。淳于意没有儿子，只有五个女儿，上路的时候，他环顾四周哭成一片的母女，骂道：“只怪我只生女儿不生儿子，遇到急难的事时没有可用之人！”

他十五岁的小女儿淳于缇萦听后，很是悲哀，于是就跟随着父亲的囚车，长途跋涉，到了长安。

在长安，淳于缇萦向汉文帝写了申诉书，说道：“小女子的父亲是个小官，他在齐国为官时，人们都称赞他办事廉洁公正。现在偶然触犯了法律要被判刑，我所忧伤的是被处死的人不能再生，受过肉刑的人不能再恢复原状，就是以后想改过自新，也没有了改过的途径。小女子情愿被没入官府为奴婢，来赎换父亲要受的肉刑，使父亲可以得到重新做人的机会。”

汉文帝看了她的申诉很感动，为此下诏说：“我听说在古代圣王虞舜的时代，在罪犯衣帽上画某种图像，或给罪犯穿上与常人不同样式和颜色的衣服，就表示处以某种刑罚，然而百姓没有犯罪的，这是何等崇高的政治清明的境界啊！现在有黥、劓、斩左右趾三种肉刑，然而犯罪却并不因此而减少，这是什么原因？难道不是因为我的恩德浅薄，而且教化不明吗？我觉得非常惭愧。正是教化不明而使无知的百姓陷于法网。《诗经·大雅·泂酌》中说：‘和乐而平易近人的君子，百姓把他当成父母。’当今如果百姓有过错，还没有教化他就滥施刑罚，即使罪犯以后想改过行善，却没有重新做人的机会。我非常怜悯他们，刑罚重到截断人肢体、痛苦终身不能消除的地步，这是多么惨痛而不道德啊！这难道是为民父母的意思吗？应该废除肉刑，用别的律条来代替它。我下令根据罪行轻重判刑，在服刑期内不逃亡的，期满后释放为平民。把我的这些意思具体拟定为法令。”

这段言论提出了废除肉刑的三个理由：第一，肉刑的威慑力并不足以制止或减少犯罪；第二，百姓犯罪的主要原因是教化不够，应该给百姓犯罪后重新做人的机会和途径；第三，肉刑过于残酷，不道德，不人道。

汉文帝的这个诏书还提出了改革方案的两大指导原则：一是要用其他的刑罚来代替肉刑，二是对服苦役的刑罚要规定时限。同时废除将罪犯作为官府奴隶的制度，让所有的苦役刑徒都有可能重新回归社会。

## 改革的方案

按照秦汉时期不成文的立法惯例，皇帝的一般性指示“诏”或者“制”，只针对特定事项、特定对象，在特定时间内具有最高效力，各级官府必须遵循无误，但是官府并不能直接援引这样的指示来作为类似事件的处理方针。皇帝如果觉得自己的这项指示有必要成为一项规范性文件，会在指示后面加上一句话——“具为令”或“著为令”。有关部门就要按照皇帝指示的范围拟出一个法律草案，再报告皇帝，皇帝“诏曰可”（指示可以）后，这就成为一条叫作“令”的法律，成为普遍适用、长久的规范。当然，大臣觉得有必要为某些事项立法，也可以提出立法建议，由皇帝批示“诏曰可”后成为法律。不过凡是令，一般都保留着立法过程的记录，如谁建议的、谁提出的草案、最后皇帝是如何批准的等等。等到发布这条法令的皇帝死了，如果他生前发布的令被认为有必要成为永久性的法律，就会被归并到“律”（法典）的有关篇目里，并删除原来的立法过程记录，成为单纯的法律条文。

汉文帝的这个改革指示，明确要求“具为令”，就是要有关部门提出具体改革方案。于是丞相张苍、御史大夫冯敬拟定了法令条文，上奏说：“肉刑是用来惩罚奸人的，由来已久。陛下下达圣明的诏书，怜悯百姓万一犯罪受刑就终身受苦，打算弃恶从善也失去了途径，这是陛下的盛德，是臣等不及的。臣等谨慎讨论后请定律：改黥刑为髡钳（剃光头发、胡须，脖子上戴一个六斤重的铁钳）城旦舂五年，改劓刑为笞三百，改斩左趾刑为笞五百。其他如犯斩右趾、杀人而自首、官吏贪赃枉法等罪，或者在裁判确定后又犯笞刑以上之罪的，要全部弃市（在闹市执行死刑，并陈尸街头示众）。完（保全罪犯头发、胡须）城旦舂三年后转鬼薪白粲一年，再转隶臣妾一年，即可释放为民（总共五年）；鬼薪白粲三年后转隶臣妾一年，即可释放为民（总共四年）；隶臣妾二年后转司寇一年，然后可以释放为民（总共三年）；司寇二年后可以直接释放为民；髡钳城旦舂一年后，转为完城旦舂，以后按照完城旦舂处理（总共六年）。臣等昧死请求皇帝批准。”汉文帝立即下诏批准。

这里将原来判处斩右趾的罪犯索性直接判处死刑，是因为当时初次犯罪要斩趾的，都是斩去左足的前脚掌，所以被判处斩右趾的都是再次触犯需要判处斩趾重刑的罪犯，说明罪犯犯罪受罚后依然毫无悔改之心，就不再给他改过的机会了。同样的道理，罪犯被判刑不及执行就又犯要判处笞刑（原来要被判处劓刑、斩左趾）的重罪，也要直接处死。至于故意杀人后立即自首来试图保命的、官员贪赃枉法的，都是极其严重的犯罪，会严重破坏社会秩序，因此也不惜直接用死刑。

这个代替肉刑的方案中有关刑期的内容，是根据罪犯苦役的等级来考虑的，并不完全直接以时间来划分。但它为以后规整的有期徒刑制度奠定了基础，算得上是世界上最早的有期徒刑制度。

至于淳于意、淳于缇萦父女后来的情况，《史记》和《汉书》都没有直接的记载。不过从其他史籍的记载可以得知，淳于意后来退出了政界，成了一位名医，而淳于缇萦的情况就不得而知了。

## 进一步的改革

汉文帝的这次改革存在一些弊病，比如笞刑，往往还没有打够数目罪犯已被打死。实际上人并不很经打，按照明代小说的说法，真正用竹板狠打，即使是“壮勇过人”的人，七八十板子就足以致命。因此，班固在《汉书·刑法志》里批评这个改革方案说：“名为轻刑，实则杀人。”

还有一件很令人疑惑的事情，就是在汉文帝废除肉刑的诏书以及丞相、御史大夫提交的改革方案里，都没有废除宫刑的内容。可是据《汉书·晁错传》载，汉文帝十五年（前165年），晁错在对策中称颂文帝的语句，有“肉刑不用，……除去阴刑”。可见汉文帝当年废肉刑应该是包括了废除宫刑的。而《史记·景帝本纪》载景帝元年（前156年）诏，称颂汉文帝“去肉刑，……除宫刑、出美人，重绝人之世也”。因此，很可能在这之前，汉文帝曾经下达过废除宫刑的诏令。

那为什么司马迁在《史记》里没有正面记载废除宫刑的事迹？难道这不是他心目中最理想的君主的一件重大的、值得歌颂的事迹吗？

这大概只好从司马迁这位记述者的不幸遭遇去揣测了。司马迁为投降匈奴的李陵辩解了几句，结果被汉武帝判处了宫刑。为了完成《史记》，他忍辱负重，没有以死抗争，但亲历这样的伤害，大概阻止了他记述汉文帝废除宫刑的事迹。因为这样记述的话，很有可能被汉武帝认定是在以古讽今，批评朝政，会导致《史记》全书被毁，使他打算将《史记》藏于名山、传之后世的愿望破灭。于是他只好曲折地记载汉文帝废除宫刑的事迹。后来班固写《汉书》，没有全面梳理汉武帝之前的资料，没有在文帝的本纪里明确记载废除宫刑的时间。想来班固也不打算得罪依然保留了宫刑的东汉皇帝，所以有意识地将废除宫刑的记载模糊化。

之后汉文帝的儿子汉景帝进一步推进刑罚改革：先后两次减轻笞刑，替代斩左趾的笞五百下减为笞二百下，替代劓刑的笞三百下减为笞一百下。汉景帝还专门颁布了《箠令》，具体规定了执行笞刑的刑具尺寸、重量等，并且规定只能由一个人行刑，不准中途换人。这样才使得受刑人得以保全性命。景帝还废除了磔刑（碎尸死刑），改为弃市。并且规定被判死刑者可以选择改为执行宫刑，将宫刑作为死刑的代替刑罚——司马迁就是因为这个缘故被处宫刑。他原来是被判了死罪的。

汉文帝的法制改革是世界法制史上的大事。在当时及以后很长一段历史时期内，世界各地仍然流行严重残害人身体的肉刑。汉文帝废除上述野蛮肉刑的行为，比欧洲早了两千多年。在东罗马帝国时期，法定刑有砍手、砍脚、割鼻、割舌、阉割、刺眼等残害刑，这些刑罚在1532年的神圣罗马帝国《卡特琳娜法典》中仍然被大量采用。欧洲中世纪时期还有剪刑：在犯人的身体上用剪刀剪开一个或几个V形的口子，再往伤口处灌盐水，浇上熔化的蜡油或铅汁。在法国大革命以前的欧洲，肉刑是很常见的。和中国古代的墨刑相近的烙刑到18世纪末依然是欧洲最主要的附加刑，如法国在盗窃犯身上打上一个百合花烙印，英国在“羊吃人”的圈地运动时期对流浪汉打S形烙印等。

尤其引人注目的是，触发这场改革的淳于缇萦上书和汉文帝的诏书，都强调刑罚的目的在于使人改过自新，认为刑罚的目的应该是教育、教化，并不仅仅是报复罪犯或威吓潜在的罪犯。这在世界法律文化史上也具有重要的意义。让罪犯在承受处罚后，能够有朝一日回归社会，这是一种极其超前的观念。

汉文帝大规模改革法制，使人民能够在一定程度上免除对政府力量的恐惧；也使朝廷以施行仁政的崭新形象树立于民间，与直接管制百姓、容易引起官民冲突的地方官吏们拉开了距离。

可是，如果直接面对民众的各级官员在贯彻朝廷政策时依然采用高压手段，民众如何才能解困？如果各级官吏仍然严苛执法，那么法制改革如何能够真正赢得民心？

# 宽大之政

汉文帝在推进法制改革的同时，也需要变革沿袭自秦朝的司法传统。汉文帝即位当年，就将治绩考核第一的河南（治今河南洛阳东北）郡守吴公提拔为主管朝廷司法的廷尉。过了两年，又把他亲自考察并加以信任的张释之任命为廷尉。

## 半路出家的法官

和历史上许多著名法官一样，张释之也是个半路出家的法官。他出身于富豪之家，年轻时以家产超过五百万钱的资格，到朝廷做骑郎（皇帝的侍从，没有俸禄，衣装也要自费）。他做了十年，没有捞到一官半职，心灰意懒，想回家不干了。正在这时，汉文帝继位。

汉文帝登上皇位后，需要在朝廷各个部门中安排真正忠于自己的大臣，着意在没有元老贵族背景的在京人员中发现、培养干部。当时主管皇宫警卫的中郎将袁盎是张释之的朋友，就顺势推荐张释之补上了个谒者的差使。

谒者是皇帝的近侍，算是直属于皇帝的官职，有机会和皇帝说上话。张释之见汉文帝励精图治，就经常向皇帝建言，说得头头是道。汉文帝嫌他太啰唆，要他别讲大道理，要讲实用的，而且是现在可以实施的。张释之就讲秦朝的政治教训，分析汉朝建立以来的政治得失。汉文帝觉得张释之的话很对胃口，不久就提拔他当了侍卫的头目——谒者仆射。

有一次汉文帝到皇家园林上林苑（在今陕西西安西）视察，询问园中野兽的情况，一连问了十多个问题，主管上林尉居然一个问题也答不上来。旁边有个虎圈啬夫（掌管虎圈的小官）赶紧代替长官回答，说得有板有眼。汉文帝不高兴了，说当官难道不正是要这样懂行的吗？于是让陪同在旁边的张释之传达命令，要拜这个啬夫为上林令，负责管理这个规模巨大的园林。张释之却拖延着不去传达命令，汉文帝催问的时候，他就向文帝劝谏说："陛下认为绛侯周勃是个怎样的人？"文帝说："是个忠厚长者。"张释之又问："那您觉得东阳侯张相如是个怎样的人？"文帝又说："也是长者。”张释之于是说道：“绛侯、东阳侯人称忠厚长者，而这两个人都不是能说会道的。所以用人光看他是否能说会道是很危险的，秦朝就是因重用刀笔之吏而迅速灭亡的。今天陛下因为这个啬夫能说会道就越级提拔，臣恐天下随风靡靡，都争口辩而无其实。”汉文帝于是接受了他的意见，没有提拔这个啬夫。

没几个月，汉文帝又提拔张释之担任管理进出宫殿车马的公车令。有一次太子和梁王一起坐车，到了禁止车辆通行的司马门还要往里闯，张释之上前阻拦，指控太子和梁王犯了“过司马门不下”之罪，判处罚金四两。汉文帝向太后检讨自己教育儿子不谨慎，经太后同意派出使者宣布赦免太子和梁王，张释之这才放了他们。

汉文帝是个好皇帝，他并不因此就怨恨张释之，相反更加欣赏对方的胆识。提拔他为中大夫，不久又任命他为中郎将，没过几个月就让他担任了主管司法审判的廷尉。

## 天下之平

张释之担任廷尉后，很快和汉文帝发生了直接冲突。

有一次汉文帝出行经过中渭桥，突然从桥洞下跑出一个人来，惊了汉文帝所乘马车的马。汉文帝很恼火，要侍从把那人送到廷尉处法办。张释之审理后判决这个人犯了“犯跸”之罪，处以罚金四两。汉文帝说：“这人惊了我的马，还好我的马性格温顺，否则把我摔下来还了得？你怎么敢只判罚金？”张释之说：“法律是天子和天下人共有的，法律就是这样规定的，如果法外加重刑罚，就会使法律在天下人面前失去信誉。何况当时陛下叫人杀了他也就算了，既然交给廷尉处理，廷尉是天下最公平的机构，一旦倾斜了，各级法官都会仿效，执法不一，百姓怎么能够安居乐业呢？”汉文帝好久才平息了怒气，说：“廷尉说得对。”

张释之那句“当时陛下叫人杀了他也就算了”，今天的读者看了可能会觉得很刺眼，不过这却是中国古代的政治惯例。皇帝有权不按照法律直接处罚臣民，但只要交给司法机关处理，就应该按照法律来处置，听从审判大臣的意见。

又有一次有人偷了宗庙里汉高祖牌位前供奉的玉环，张释之依照法律，认定是“盗宗庙服御物”之罪，判处罪犯弃市。汉文帝大怒，说：“我把这罪犯交给你查办，是要判他族刑（杀了罪犯一家子），你怎么敢按照法律来向我汇报？这不是我侍奉祖先宗庙的意思。”张释之赶紧下跪，取下头上戴的冠，叩着头说：“法律这样规定已经很重了。死罪总是要有等差的，如果盗宗庙服御物就族诛，那么万一有人盗长陵一抔土（对于盗墓的委婉的说法，长陵是汉高祖的陵墓），陛下怎么来加重处罚呢？”汉文帝想了好几天，和太后商量后，最后批准了张释之的判决。

张释之在汉文帝在位期间担任了七年多廷尉（前177—前170年），他在廷尉任上执法如山，纠正了秦以来司法官员苛求罪名从而为自己积累政绩的风气。民众称颂说有了张廷尉，天下没有受冤枉的人。

## 冷清的结局

汉文帝死后，太子即位，史称汉景帝。张释之因为在司马门事件中得罪过这位太子，很怕遭到报复，于是托了一个学黄老之术的老朋友王生，向喜欢黄老之术的景帝表达歉意。王生又设计，有一次在朝会的时候，故意要张释之当众下跪为自己缚鞋带，以此向朝廷表示张释之谦恭的品质。

不久，张释之就被派到淮南国担任丞相。虽然汉景帝没有怪罪，可是张释之总是心中不安，终于在这个远离京城的地方去世了。

张释之对汉文帝所说的“法律是天子和天下人共有的”这句话，隐含着皇帝也应该遵守法律的意思，这种话在古代很少有哪个法官敢向皇帝当面说。无论儒家还是法家的理论，对于皇帝是否应该严格守法这个问题都是采取模糊态度的。张释之和汉文帝，一个敢于在皇帝面前严格守法，一个愿意接受法官的劝谏，成为佳话。然而从张释之后来因为曾经得罪景帝而惶惶不可终日来看，中国古代的这种“法治”归根到底还是皇帝一人之治，法官本身并不严格受法律的保护。

## 和风细雨老冯唐

另一个对汉文帝施行宽大政治有影响的人物是冯唐。

冯唐祖籍赵国，他父亲迁徙到汉文帝原来的封地代国居住。冯唐因为孝行，被举荐到朝廷，担任皇帝侍郎机构的中郎署长，大概是管理郎署内务的官员，一直做了很多年。

汉文帝有一次经过郎署，见冯唐年纪很大了（当时冯唐已经有六十四岁以上），还说自己是皇帝的侍从——郎（郎一般都是年轻人），很好奇，就和他拉起了家常。知道冯唐祖籍赵国又是代国同乡后，汉文帝不由得感叹说：“我当年在代国的时候，我的伙食总管高祛经常提起，赵国的将军李齐在巨鹿（治今河北平乡西南）大战中有赫赫战功。我现在每当吃饭的时候，就想起这段故事。老人家知道李齐的故事吗？”冯唐回答说："李齐总不如过去赵国的名将廉颇、李牧吧？"汉文帝说："为什么？"冯唐回答说："我祖父在赵国的时候，是当小军官的，很熟悉李牧的故事；我父亲在代国担任丞相时，和李齐也很熟悉。因此我知道他们的为人。"于是冯唐就为汉文帝介绍了自己从祖父和父亲那里听来的两位名将的故事。

汉文帝的兴致很高，拍着大腿说："我要是有廉颇、李牧那样的将领，还用担心匈奴吗？"冯唐跟了一句："主臣！陛下就是有了廉颇、李牧，也不能用。"汉文帝很不高兴，站起身来就进皇宫去了。

过了一阵子，汉文帝的怒气消了，又把冯唐召来，责问道："你为什么敢侮辱我？没事干吗？"冯唐赶紧道歉，说："鄙人不知忌讳。"

当时（前166年）正值匈奴大举入侵，北地（治今甘肃庆阳西北）都尉孙卬战死，汉文帝关注边防问题，因此追问冯唐："你怎么知道我不能用廉颇、李牧？"

冯唐回答说："我听说古代君王派遣将军，都要行大礼，并和将军约定'都门以内的事情我来管理，都门以外由将军治理'，军功爵赏都由将军先决定，只是在战后汇报。我的祖父说，当年李牧身为赵国大将守卫边疆，军营市场的税收都用来犒劳士兵，自行决定赏赐，国王不予以任何干涉，只是以战功来评论他是否称职。所以李牧能够尽职，精选了一千三百乘战车、一万三千名骑兵及值得以百金奖赏的勇士十万，得以北逐单于、破东胡、灭澹林，西抑强秦，南援韩、魏。赵国几乎称霸。后来赵迁被立为赵王，他的母亲是娼妓出身，和小人郭开一起挑拨离间，李牧被冤杀。赵迁命颜聚接任大将之职，结果军队瓦解，赵国被秦国所灭。我听说现在魏尚为云中郡郡守，也学李牧的样子，将军营市场的赋税都用来犒赏士卒，还拿出自己的钱，每五天杀一头牛为士兵改善伙食。因此匈奴不敢轻易入侵云中，有一次入侵，魏尚率车骑兵痛击，杀死很多匈奴人。士兵都是平民出身，哪里搞得清账簿？终日力战，斩首捕虏，粗略统计后到统帅部报功，仅仅因为一言不合，就被文吏按照法律严惩。有战功不一定得到赏赐，而官吏奉行的法律处罚倒是绝无轻饶。我很愚蠢，总以为陛下施用法律太严，处罚太重，而赏赐太轻。云中郡郡守魏尚仅仅因为上报战功，统计的匈奴人首级差了六个，陛下就把他交给法官处理，剥夺他的爵位，罚他去服苦役。由此言之，陛下就是得到廉颇、李牧，也是不能用的。臣太愚蠢，说话触忌讳，死罪死罪！”

冯唐和风细雨地将历史经验娓娓道来，汉文帝听了并没有生气，而是很受启发。汉文帝立即派冯唐拿了代表皇帝的符节去赦免了魏尚，重新任命魏尚为云中郡郡守。另外汉文帝又拜冯唐为车骑都尉，指挥中尉属下以及关中地区的战车兵集群。老冯唐担任这个职务近十年之久。汉景帝登基后又派冯唐到楚国去当国相，后来冯唐因年老被免职。汉武帝登基后，冯唐又被推荐，当时他已经九十多岁了，就没有再到朝廷就任。

## 长者之风

汉文帝时，还有一个从郎署起家为高官的官员，也主张宽大为怀，这人就是直不疑。

直不疑是南阳（治今河南南阳）人，也是汉文帝的侍从。在郎署待命的时候，有一次同屋的一个侍从发觉丢了钱，就怀疑是直不疑偷的，大加责备。直不疑也不争辩，道了歉，赔了钱。不久，有一个侍从从外地探亲回来，向失主说明，是自己有急用先拿了他的钱。那个失主很惭愧，可直不疑并没有说什么。

由于这件事，大家都称赞直不疑是个长者。汉文帝知道了，就提拔直不疑，直不疑后来成为太中大夫。在朝见时，有人诽谤他，说："直不疑样子长得如此好，就是不知道为什么会有和嫂子通奸的龌龊事情！"这话传到直不疑耳朵里，他只说了一句："我并没有哥哥。"并不去找那人算账。

直不疑学习的是道家理论，实践无为的政治理念，为官时从不做标新立异之事，善于因循就势、改良政务，得到了很好的评价，被朝臣公认为长者。后来汉景帝登基后发生七国之乱，任地方郡守的直不疑果断出兵平叛，立下了战功，但他也不声张。直到九年后，汉景帝才得知当年直不疑的功绩，任命他为御史大夫，并封他为塞侯。

## 长者推荐长者

汉文帝时期深得道家思想精髓的大臣还有田叔。

田叔是赵国人，据说是战国时期齐国王室田氏的后裔。田叔从小学习剑术，又跟随一位号为乐巨公的隐士学习黄老之术。汉朝刚建立不久，张敖为赵国国王，田叔被人推荐给赵王，为郎中。几年后，陈豨造反，汉高祖亲自率领军队前往镇压，经过赵国时，赵王张敖非常恭敬地招待汉高祖，亲自为汉高祖“持案进食”。可是汉高祖却毫无礼貌，大叉开两腿坐在那里，大骂张敖。赵国的丞相等大臣都发怒了，暗中劝告张敖：“大王如此尊重皇帝，而皇帝却如此无礼，我们请求起兵造反。”赵王张敖急了，将手指都咬出了血，说：“我的先人失国，没有皇帝，我们的尸体早就腐烂生虫了。你们怎么可以这样说？再也不准出言。”

赵王不想造反，可是大臣贯高等人却密谋袭击并杀死汉高祖。这个阴谋被人告发后，汉高祖下令开展大搜捕，将所有的参与者全部逮捕，连赵王张敖也一起抓了起来，准备全部押到长安去受审。汉高祖命令："赵国如果有敢跟随赵王的，夷三族。"很多赵国的大臣畏罪自杀，只有田叔和孟舒等十几个人穿上赭衣，剃光了发须，在脖子上戴上铁钳，自称是赵王的家奴，跟随赵王去了长安。

这个案件经过审理后，贯高等被处死，赵王张敖被释放，废除王位，降为宣平侯。汉高祖召见赵王时，赵王介绍了忠诚于自己的臣子田叔等十余人。汉高祖很吃惊，召见了这十几位奴隶打扮的大臣，一番谈话下来，汉高祖觉得朝廷里就没有能够和这些忠臣相比的，于是立即将他们全部任命为二千石官员，派到各地去当郡守或诸侯国的丞相。

田叔被任命为汉中郡（治今陕西安康西北）郡守，一干十余年。汉文帝登基后，特意召见这位老臣，请教他："您知道天下的长者还有谁？"田叔说："我哪里知道天下的长者？"汉文帝说："您就是一位长者，肯定知道。"田叔就推荐了当年和他一起伪装成奴隶跟随赵王的孟舒。当时孟舒因为匈奴入境劫掠，云中郡伤亡惨重，已经被撤职查办。汉文帝有点不高兴，说："孟舒在云中郡干了十多年了，匈奴一直没有入侵。这次一定是防备不够，才导致损失了几百名将士。长者难道是这样杀人的吗？”田叔赶紧跪下叩头，说：“这正说明孟舒是位长者。孟舒当年自甘为奴与赵王同罪，将生死置之度外，哪里想到过能当郡守？匈奴入侵，孟舒体恤士卒，不忍下令迎敌死战，而士卒被他感动，就如子为父死、弟为兄亡一样毫不顾忌生命，因此死者数百人。”汉文帝听了，说：“贤哉孟舒！”于是把孟舒召回来让他继续担任云中郡郡守。

汉文帝时期担任二千石以上官职的数以千计的官员中，在历史记载中留下名字和事迹的寥寥无几。正因为如此，我们可以推想，留下名字和事迹的官员，肯定有着非同一般的经历和政绩，他们代表了汉文帝所主导的执政倾向。

## 轻徭薄赋

汉文帝的法制改革，让民众能够“安居”，但实惠好像还是不够，还需要给民众一点甜头，才能够让他们“乐业”。那么，汉文帝究竟是如何来使百姓“乐业”的呢？

“德”字的一个主要含义是“得”，要让人有所得，才是德政。汉文帝深深了解这一点，在进行法制大改革的同时，他的另一方面的措施就是“轻徭薄赋，与民休息”。

西汉刚建立时，社会刚经过长期战乱，壮年男子很多都被抓去当兵，老弱病残还被拉夫为当局运送军需，从事生产的劳动力严重缺乏，整个社会物资极其匮乏。朝廷也很穷，连皇帝也凑不齐同色的四匹马来拉车，很多将相大臣只好坐牛车上朝，百姓家里也没有积蓄。有的时候粮食价格涨到每石万钱，一匹马要卖到百金。即使在战争结束的十多年后，马还是非常稀缺的资源。比如在湖北张家山出土的吕后时期的《津关令》里，有一条长沙国给中央政府的报告，请求将长沙国驿站的备用马匹额度提高到十匹。这样的数额都要郑重其事地向朝廷报告，请求制定为正式的法令。

汉文帝上台的时候，汉朝的社会经济已经有所恢复，不过大的起色还没有，社会的繁荣还需要时间。

## 三管齐下的剥削机器

孟子说过，他那时的臣民要在三个方面为朝廷作贡献：粟米之征、布缕之征、力役之征。他建议有道德的国君应该“用其一，缓其二”，因为如果同时开展其中的两征，老百姓就要饿肚子了；如果同时开征这三样，那老百姓就要妻离子散了。

孟子当然只是一厢情愿而已，不过他关于民众负担的说法大概是客观的描述。按照这个说法，各国君主对于臣民的剥削有三个方面：粟米之征是针对土地占有人的，只要有土地就要缴纳粟米，据说原则上是按照收获量的十分之一缴纳，号为“什一”。布缕之征是针对户头的，按照男耕女织的经济状态，家庭也是纺织品的生产单位，要向朝廷缴纳纺织品（布匹、绢帛）。力役之征针对的是成年男性，成年男性每年要为朝廷义务劳动一个月，以及为朝廷服兵役。

现在还不太清楚后来秦朝及汉文帝上台前的赋役制度的详细情况，但可以认定的是，确实存在这三管齐下的既定政策。

商鞅变法时秦国建立了以军功为本位的二十等爵位制。据说规定百姓如果能在战场上斩一甲首（甲士的首级）或告发一个奸者（罪犯）就可以升爵一级。而每升爵一级，就可以获得国家授予的100亩耕地、9亩宅地。从湖北江陵张家山汉墓出土的汉初（下限为高后二年，即前186年）《田律》和《户律》来看，这种向人户授予土地的做法至少一直维持到了汉代初年，有着非常完备的制度。

这两种法律规定的各爵位的每户受田数额为：关内侯95顷（每顷100亩），大庶长90顷，驷车庶长88顷，大上造86顷，少上造84顷，右更82顷，中更80顷，左更78顷，右庶长76顷，左庶长74顷，五大夫25顷，公乘20顷，公大夫9顷，官大夫7顷，大夫5顷，不更4顷，簪袅3顷，上造2顷，公士1.5顷；作为平民的公卒、士伍、庶人（被主人解放的奴隶，或者是主人死亡后自动获得解放的奴隶）每户受田1顷；作为罪犯、贱民的司寇、隐官每户受田50亩。当时的宅地以30步见方的土地为1宅，各爵位每户受宅地的数额为：彻侯105宅，关内侯95宅，大庶长90宅，驷车庶长88宅，大上造86宅，少上造84宅，右更82宅，中更80宅，左更78宅，右庶长76宅，左庶长74宅，五大夫25宅，公乘20宅，公大夫9宅，官大夫7宅，大夫5宅，不更4宅，簪袅3宅，上造2宅，公士1.5宅；公卒、士伍、庶人每户受1宅；司寇、隐官每户受0.5宅。

当时每年八月间进行户口申报。在立户前没有得到过田宅，或得到的田宅不足额的，可以请求补足，但是宅地只能补授给相邻的户。各地如果有立户后受田宅不足额的情况，各地官府要汇总上报朝廷。在官府有新土地时（没收罪犯的土地），按照爵位及先后次序授予。所授予的土地应该是可以耕作的，否则受田者有权拒绝。受田后发现无法耕种的，允许退换。所受田宅允许买卖，但是将从政府获得的受田转让给他人或者出卖后，就不得再次申请。除官员或者为皇帝服役的人员外，其余人等所买宅地必须是与原宅地毗连的。

受田宅者承担向政府交纳田租和藁（禾秆）税的义务。根据《史记》《汉书》等史籍的记载，秦的田租按照收获量的十分之一征收，汉高祖登基后曾宣布“什五税一”（按收获量的十五分之一征收），后来又恢复“什一”。汉惠帝登基的那一年（前194年），正式确定汉朝的田租为“什五税一”。汉代的藁税与秦国完全一致，标准为每顷3石。在当地政府刍藁（马料）已经够用的情况下，允许受田者以铜钱缴纳，每顷55钱。只有相当于原来卿一级以上的贵族（即左庶长以上的各级爵位）才可以免除田租和藁税。

这种由政府向私人授予土地的制度不应该仅从其字面上的意义去理解。当战争渐渐平息、人口逐渐恢复增长时，政府是否拥有足够的土地（包括荒地）资源来支持这项制度？这相当值得怀疑。但仔细分析一下，就可以知道，实际上这也可以是一种包容性很强的制度。它建立在政府拥有相当的荒地资源的基础上，同时也是一种包容、承认民间已经拥有私有土地，并且将这些私有土地纳入国家税收体制的制度。每户在立户时应“名田宅”，即申报已拥有的土地，如果按照其社会地位已经足额，就不进行土地的授予，而是承认其所拥有的土地为合法的私有土地，并按照申报的土地面积征税。因此《户律》明确规定：没有向政府申报户口而拥有田宅，或者是将自己的名字附在他人户名后申报的，以及为他人附带申报户口的，都要处以“戍边二岁”的处罚，田宅则予以没收。因此我一直怀疑，实际上汉朝的所谓“田租”是按户征发的，以爵位占有土地的标准以及一个常年的收获量来确定征收田租的数额。

秦汉时布缕之征转化为货币税，主要是算赋。史书上说秦“头会箕敛，以供军费”，很多后人以为是按照人头征谷物。现在根据云梦睡虎地秦墓竹简的资料，当时是按照人的身高来确定是否成年，结婚、征兵、纳税、承担刑事责任，都以人的身高来划定标准，男子身高六尺五寸以上、女子身高六尺以上算是成年。当时的一尺大约合今天的23厘米多一点，成年男人的标准身高一般为七尺。按照秦国法律，政府征收的铜钱应该以“千钱一畚”（每1000钱装一个草包）来封存。我们确实可以想象官吏到居民家中集合家庭人口，拿了丈量身高的标尺一一按身高点数、装钱进畚箕即“头会箕敛”的样子。

汉高祖到了汉中称王后开征算赋，15岁到56岁的男女一律征收，每人每年120钱，商人和奴婢加倍征收（每人每年240钱）。惠帝六年（前189年），诏令“女子年十五以上至三十不嫁五算”，未婚成年女子的算赋每年600钱。除了算赋外，其他的人头税税种比较混乱。据说住在王侯封国的百姓要缴纳户赋，每年每户向领主缴纳200钱；还要缴纳由封主转交给皇帝的献费，大约是每人每年63钱。如此一来，住在封国的人户的实际负担与住在由朝廷直接统治的各郡的人户差不多。

秦汉时期最使人民感觉痛苦的，还是力役之征，即徭役制度。所有的成年男子都要承担兵役，和平时期的服役期为两年，战时不定期。据说到边防部队服役一年的为戍卒，到各野战军服役一年的为正卒。服役的时间不包括前往报到地点路上的时间。服役时期国家只配给作战用的盔甲服装，其他衣物是要自备的。云梦睡虎地秦墓里出土的士兵家书说，他们服役的地方非常寒冷，请求家里为他们捎去钱财买棉衣。另外，每个成年男子每年要为朝廷义务劳动一个月，还不算来回路程上的时间，这叫作更役。而地方政府征发的修补城墙、修整道路、维护禁苑（皇帝打猎游玩的野生动物园）之类的劳役，还不包括在内。

## 轻徭薄赋

汉文帝上台后借着立太子和立皇后的机会，宣布“赐天下民当代父后者爵各一级”。就是所有的嫡长子都自动获得一级爵位，并且所有孤寡老人、孤身穷困者、八十岁的高龄老人、九岁以下的孤儿都被赐予一定数量的布帛、米、肉。

不过他很快意识到这样的直接恩赐朝廷财政根本无法承担，更好的办法是立刻展开对粟米之征、布缕之征、力役之征这三大吸血系统的调整。

早在登基后的第六个月，他就下诏：“令郡国无来献。”也就是宣布取消各郡国每年向皇帝的上贡。

需要解释一下的是，在汉文帝时代，皇室宫廷与朝廷政府是分离的。七十多年前就有研究者指出，直到汉代初年，皇室宫廷仍然拥有独立的财政系统，也有自己的管理队伍。皇室宫廷的财政收入是单列的，比如上述的“献费”以及来自皇室禁苑的收入等等，都是皇室宫廷独享的，皇室宫廷的费用都由此支出。替皇帝管理财政的专责机关就是少府。在皇室宫廷服务的人员称为“宦皇帝”，替朝廷服务的人员称为“官吏”，两者是并列的法律称呼。可以推断，为皇帝服务的宦皇帝的报酬也是由皇室财政来支付的。

汉文帝宣布禁止各地对皇室宫廷献费上贡，显然是一个姿态，表示皇室要带头为民众减轻经济负担。

到了下一年（前 178 年）的正月，汉文帝下诏说：“农，天下之本，其开籍田，朕亲率耕，以给宗庙粢盛。”意思是农业是天下的根本，在京师设置“籍田”，由皇帝亲自率领农民耕种，收获的粮食用作供奉祖庙的供品。至于这个“籍”字究竟如何解释，观点不一。有人说是“帝王典籍”的意思，就是皇帝亲自耕种的样板田。也有人说“籍”就是“借”的意思，“籍田”是要借助民力来帮助皇帝耕种。有人反对说，整件事情都是皇帝带头耕种，怎么会借用民力？因此这个“籍”是亲自“蹈籍”的意思。反正这表明了皇帝重视农耕的态度。

九月间，汉文帝再次下达重农之诏，要求各地政府重视农业，关心农业生产，并“赐天下民今年田租之半”。我们已经知道法定的田租率为十五税一，在此基础上减半征收，实际就是“三十税一”。这就是要朝廷及各级官府都实行财政紧缩了。

后来汉文帝经常使用田租减半征收的办法，比如在他即位的第十二年（前168年）时，采纳了晁错的建议，宣布田租减半征收。下一年，借着废除肉刑的机会，又下重农之诏，并颁布“除田之租税”的诏令，取消全部田租的征收，同时颁布“除戍卒令”，取消当年的戍卒征发。

另外根据《汉书·贾捐之传》的说法，汉文帝时，“丁男三年而一事”，即把成年男子每年应服的一月更役，改为每三年服一个月。而根据《汉书·贾山传》中《至言》一文的说法，汉文帝曾将国家仓库里的绢帛十万余匹赐予贫民，并立法规定，家里有九十岁以上老人的，可以有一个儿子免役免税；家里有八十岁以上老人的，免除家中两个人的算赋。

大幅度减少皇室及朝廷的收入，皇帝及百官的供应、军政事务的花销该如何解决呢？汉文帝的方针是开源还是节流？

## 节流的措施

在自然经济占主导地位的时代，政府要在不加重农民负担的前提下开源财政，途径并不多。汉文帝好像也没有什么思路，因此能做的只有节流。

从登上皇位的那天开始，汉文帝就废除了自古以来贵族进餐时乐队要在旁边奏乐的惯例，省下了宫廷的一笔开销。他还一直没有扩建宫廷。有一次他打算在宫廷的园林中修一个露台，于是把土木工匠叫来，询问工价费用，得到的回答是要花一百金。汉文帝一听，立刻说："一百金，是十户中等人家的家产了。我奉用先帝的宫殿，一直怀着羞愧的心情，唯恐辱没先帝。还要这个露台干什么！"

秦汉时期的皇室拥有大量的超级园林，这些园林分布在今天的关中、陕南、山西等地，每个都有上百平方千米，供皇帝在其中打猎游玩。汉文帝当了皇帝以后，不再圈占土地建立新的园林，相反，还经常在灾荒发生的时候，允许灾民进入禁苑打猎、采集野菜。

此外，汉文帝还减少了皇帝装备的车马数量，也没有增设皇帝的仪仗队，再次节省了皇室的开销。从出土的秦始皇时期的铜车马来看，当时一辆马车的技术含量非常高，可以合理地推想，马车的造价不菲。

汉文帝不是一个奢侈的皇帝，他要求自己宠爱的妃子慎夫人穿着短衣裙，裙裾不能拖到地面上。他居住的卧室里，悬挂的帷帐没有刺绣装饰，又节省下大量的人工和费用。这种简朴的宫廷风尚，还被推广到社会上。

历代皇帝都有一笔巨大的花销，就是建造坟墓。汉文帝和所有的皇帝一样，一登基就建坟墓。但是他的霸陵开凿于山崖中，不另起坟丘，装饰物也都是砖石之类的，陪葬的物品采用陶器，禁止使用金、银、铜、锡。正因为如此，盗墓贼对霸陵都失去了兴趣。

汉文帝对皇室宫廷财政采取如此紧缩的政策，对于朝廷政务的花销自然也要尽力压缩。当然百官的俸禄是不能减的，否则就为自己树立了太多的敌人。所以能够着手节俭的，就是减少政务开销，最先压缩的就是军费。

汉文帝在登基之初，任命了自己的亲信为卫将军，统一指挥长安地区的驻军，号为“卫将军军”。不过到了下一年（前178年），汉文帝认为军事形势已经缓和，宣布解散原来卫将军所指挥的军队，仍然设立卫将军，只留下小部分现役士兵，大多数士兵复员，回家乡务农。

对于驻扎在各边疆地区的边防军，汉文帝也进行了很大的调整。他依靠改善对外关系来缓和边境局势，同时在北方边境实行灵活反应战略，平时由军事化的各边郡防御匈奴小规模的侵扰，仅在匈奴大举入侵时，朝廷再出动野战军。这种灵活反应防御战略，大大节省了动员常备军的费用，减轻了民众的负担，为朝廷积蓄实力争取了时间。

## 开放铸钱

汉文帝没有接受过经济学的教育和培训，我们现在也没有办法知道他在代国时是否观察过商人的经营运作。不过非常奇怪的是，从他当政后采取的一系列有限的社会经济政策来观察，我们甚至可以说他是一个市场经济的拥护者和实践者。

在汉文帝登基后第五年（前 175 年）的四月，汉文帝颁布了一条意义深远的法令："除盗铸钱令，更造四铢钱。"也就是说开放钱币铸造权，另外改变货币形制，将秦始皇以来的半两钱改为四铢钱。

秦代，铸币发行权由朝廷垄断。秦始皇建立起后人称之为黄金、铜钱并行本位的货币制度。黄金、铜钱都可以担负起货币的五大职能，不过黄金为"上币"，以"镒"（二十两）为单位，主要起支付作用（如皇帝的赏赐）和贮存作用，以及作为重大财产的价值尺度；铜钱为"下币"，主要起流通作用。铜钱的形制统一为外圆内方的圜钱，重半两（当时以二十四铢为一两），铜钱上的铭文也是“半两”。汉朝建立后，沿袭这一制度，只是将黄金的单位从“镒”改为“斤”（十六两）。不过由于经济衰败，朝廷发行的货币有限，铜钱减重现象严重，市面上流通的半两钱大多经过剪凿，方孔越掏越大，圆廓越剪越小，形同榆荚，号为“荚钱”，重量根本不到半两。剪凿下来的铜都化作了民间盗铸的“私钱”。

按照当时的法律，私铸货币处罚极重。比如湖北云梦睡虎地秦墓出土的秦国“封诊式”（司法文书格式样本）有一条关于告发、逮捕盗铸铜钱罪犯的“爰书”（司法笔录）：某里两位士伍抓获了两个盗铸铜钱的男子，缴获了一百一十个新盗铸的铜钱、两组铸钱的模具，到官府来报告。虽然没有看到具体判罪的法条，但从抓获的记录来看，这类犯罪属于重点打击对象。

按照湖北张家山汉墓出土的西汉初年的《钱律》，铜钱有磨损剪凿痕迹但能够看得出文字、不是铅或锡质的，黄金不纯正的，仍然要流通。有借口拒收的，要“罚金四两”。故意销毁铜钱用来铸铜器的，要按照重量计算为赃，以盗窃罪处罚。伪造黄金的，“黥为城旦舂”。盗铸铜钱的，要被判弃市。帮助他人盗铸以及发行私铸钱的，都按照盗铸处罚。抓捕一个盗铸钱罪犯，“予爵一级”。

现在汉文帝把这一整套法律全部废除，民间铸的钱只要是按照政府规定的铜钱形制、质地铸造的，就是合法的货币，允许流通使用。而且铜钱的重量一举降低到民间实际流通中的“私钱”重量，却仍然维持“半两”的虚名，确认货币贬值三分之二。但是仍然严禁以铅、锡等金属铸造劣质货币，否则要处以黥刑。

这是非同小可的重大变革。它牵涉到国家控制的矿山要向民间开放，民间的交易完全依赖市场规律调节，支付结算完全依靠双方认定的货币媒介，政府不再干涉。可这是不是汉文帝经过深思熟虑、与朝臣周密讨论后采取的政策？史书对此居然没有任何记载。我们只好合理地推想，因为这个自由铸币政策历来被史学家认为是汉文帝的一个污点，所以史学家们都采取了春秋笔法。司马迁就索性忽略，班固的《汉书》则只用了十个字记述。相反，倒是留下了贾谊、贾山极力劝阻汉文帝采取这一政策的一些言论。

贾谊的意见是这样的：他认为禁止发行劣质货币的刑罚虽然很重，可是面对丰厚的利润，铸造、发行货币的人总是会情不自禁地以身试法。他说过去禁止民间私铸时，有的严重的县份每年有上百起盗铸案件，牵连到上千人，现在放纵自铸就好比是用法律来诱使百姓，使百姓坠入陷阱。另外，他认为百姓私铸后，各地的铜钱有轻有重，交易时或者要贴，或者要减，会使市场混乱，官府没有办法应对或者加以引导。他还认为放纵百姓私铸铜钱，农民就会不去耕种而去开矿，减少粮食生产，种地的人越来越少，经营商业的奸民越来越多，只好用重刑来镇压奸民，这样会伤害更多的民众。不过他也说，现在如果禁止私铸的话，办法不妥当，也会伤害民众，所以关键是用铜做货币这件事本身就是大错，应该把全国的铜都收起来，不让随意流通。

很奇怪的是，汉文帝虽然一贯很佩服贾谊的才学，可是在这件事情上，却没有采纳贾谊的意见。

贾山的反对理由是："铜钱，不是可以使用的器物，是用来转换富贵的。而富贵这件事，应该是人主操作的把柄，让百姓来铸钱，就是让百姓和人主共操权柄，这难以维持长久。"这样高度政治化的、从皇帝权力高度立论的劝告，也没有能够打动汉文帝。相反汉文帝还认为他的意见过于激切，只是出于开言路的原则，才没有给他加一个罪名。

从现有的极其有限的记载来看，贾谊、贾山都没有说汉文帝放纵私铸是受了谁的欺骗，史籍也没有记载当时究竟是哪个谋士为汉文帝出了这个主意，所以我们只能相信这个政策是汉文帝自己提出的，是出于他的圣心独断。

## 有选择的先富者

能够从这个改革政策中得到好处的，显然是商人。商人有了自行铸币的权利，可以自由投资手工业和商业，而手工业和商业的发展，又将促进市场经济的发展。

不过这样的推论是有问题的，在当时的环境里，并没有同等求富的起跑线。史书里记载的最著名的铜钱发行者，一个是汉高祖刘邦的侄子吴王刘濞（就是那个弃国而逃的汉朝第一任代王刘喜的儿子），另一个是汉文帝的佞幸、弄臣邓通，当时出现了“吴、邓氏钱布天下”的状况。

刘濞控制着今天长江中下游的广大领域，治下有铜山。汉文帝废除盗铸罪后，刘濞组织了大规模的矿山开发，并且“即山铸钱”，招引各地的盲流到吴国来从事手工业，在矿山附近建立起铸钱的工场，大量发行铜钱。

邓通是蜀郡（治今四川成都）南安（治今四川乐山）人，原来是宫廷里划船的奴隶——黄头郎。有一次汉文帝做梦登天，梦见有一个黄头郎在自己身后推了一把。不久，汉文帝在宫廷里坐船时见到邓通，发现他与梦中的黄头郎形象一样。汉文帝把他叫过来一问，名字正好又是邓通，正是“登而通天”的吉兆！从此汉文帝就把邓通带在身边，宠信无比，一路把邓通提拔为太中大夫。

后来汉文帝请了人给邓通相面，那相面的说邓通生来穷命，将来是要饿死的。汉文帝很不高兴，说：“能让邓通富的不就是我吗？他怎么可能贫穷？”于是索性将蜀郡严道（治今四川荥经）的铜山赐予邓通，让邓通承包开发，发行铜钱，号为“邓氏钱”。

发展市场经济还有一个障碍：战国时代保留下来的重重关卡。秦汉时，由于过去各国割据、军事对峙的传统，人员、物资不能在各地区间自由通行，只有持传（朝廷发放的证件）才可以过关。汉文帝在他当政的第十二年（前165年），宣布撤销全国所有的关卡，过关不再需要通行证件，即所谓“除关无用传”，以促进各地区之间的交通顺畅和货物流通。

汉文帝对于自由经济的热爱一直维持到了他统治时期的最后阶段。在逝世前一年，他还进一步放松对社会经济的管制政策：规定各地诸侯停止每年的上贡；开放各地的皇室园林，允许百姓进入园林；进一步缩减宫廷服役人员的数额以及宫廷的开支；发放赈济贫民的粮食；甚至明确规定百姓可以买卖爵位。

## 社会经济的恢复

一般认为，汉文帝时期社会经济得到了恢复与发展。在农业方面，当时除了家庭手工业与农业相结合的个体小农经济获得发展之外，还出现了靠专门种植经济作物而致富的单一经济作物经营者，正如司马迁在《史记·货殖列传》中所说的：在武帝之前，早已出现了许多拥有“千树枣”“千树栗”“千树楸”“千亩漆”“千亩卮茜”“千畦姜韭”的单一经济作物经营者。随着单一经济作物经营者的出现，全国各地的农副产品也有了地区分布特征。如齐地“膏壤千里，宜桑麻，人民多文彩布帛鱼盐”；鲁地“颇有桑麻之业”；越、楚之地，“通鱼盐之货，其民多贾”；燕、代之地，善“田畜而事蚕”；渤海与碣石（古山名，多认为在今河北昌黎西北）这些地区，也有“鱼盐枣栗之饶”；巴蜀地区，“亦沃野，地饶卮、姜、丹沙、石、铜、铁、竹、木之器”。这些不同地区产品特色的形成，一般都认为萌发于文帝时期。

各地区桑麻种植与养蚕业的盛行，为纺织业的发展准备了条件。仅1972年在长沙马王堆汉墓出土的西汉前期的纺织品，就有绢、纱、绮、锦、麻布等多种丝麻织品。这些丝麻织品之上，还饰以各种动物、云、卷草及人物等花纹，其色彩之鲜艳，织、绣之精美，达到了巧夺天工的程度，反映了西汉前期纺织手工业的高度发展。

而“千亩漆”经营者的兴起，无疑是漆器制造业兴起后的产物。反过来，他们又会推动漆器制造的发展。长沙马王堆汉墓中出土的食器、沐器、酒器和装饰性器皿等五百余件漆器，反映出包括文帝时期在内的西汉前期漆器制造业的发达。

汉文帝实行弛山泽之禁、除关津检查和允许自由冶铸钱币的政策，直接导致了西汉前期冶铁与铸币业的发展，所谓“汉兴，海内为一，开关梁，弛山泽之禁，是以富商大贾周流天下，交易之物莫不通，得其所欲”，工商业兴盛发达。

法制改革与轻徭薄赋是汉文帝施行仁政的两大举措。仁政的推行，大大改善了皇帝与民众的关系。不过，在一个不知道民主为何物的社会，争取民心对于统治者的意义并没有我们现在想象得那般大，实际上所谓的民心向背，在未取得统治权以前是进行战争动员阻力大小的问题，在已取得政权后就成为间接防止民众支持反叛力量的问题，甚至在某种意义上是转移民间不满情绪——由针对皇帝转向针对官员——的手段。民心并非支持皇朝及皇权的直接力量，皇权所要做的，是在已有的既得利益集团里掺沙子，将下层社会集团的一些人提升到高层，来平抑既得利益集团的势力，防止这些集团势力过大，以致威胁到皇权。

上文已经提到，汉文帝曾通过连环计将功臣集团的代表人物周勃变相放逐，并收回长期被功臣集团掌握的军事指挥权。他将从代国带来的臣子一举提拔到九卿的地位，又将大部分封了侯爵的功臣赶到封地去养老，这样做是否已经足够了？他是否还需要更多的符合他要求的沙子来掺到朝廷中去？

# 扶植新锐

## 维持均衡局面

汉文帝在当政后处心积虑地削弱汉朝建立后权势过于强大的功臣集团，试图使几个既得利益集团形成更为均衡的局面。尽管他使用“列侯之国”的办法，把居住在长安的功臣集团主力排除出能够威胁到中央的位置，但是汉文帝并不想操之过急，他依然小心翼翼地继续让功臣集团在朝廷政治中保持一定的地位。

最明显的标志是，汉文帝依然维持着由功臣集团来掌握三公大位的局面，总是将功臣集团的代表人物安排在丞相、御史大夫的位置上。他任命的丞相，先是推他上台的大功臣周勃、陈平，后来换上了另一个功臣灌婴。

灌婴为相一年后死去，汉文帝顺理成章地把长期担任御史大夫的张苍任命为丞相。

张苍是阳武（治今河南原阳东南）人，曾在秦代任御史，是主管档案管理的，不知因为什么事情犯下罪过，弃官逃回家乡。刘邦率领军队经过阳武，张苍就投奔了刘邦的军队。后来又不知因什么罪过犯了军法，被判处腰斩。行刑时，他被剥光了衣服俯身趴在处刑的质（垫板）上，正好刘邦的大将王陵经过，看到他身材长大，一身的白肉，便吩咐把他拉起来看一下。谁知一看，王陵便觉得这人是“美士”，杀了可惜，于是赶紧要刽子手刀下留人，自己赶去找到刘邦，请求刘邦赦免了张苍。张苍从此就在刘邦的朝廷里成为文职管理人员，长期担任行政管理工作，接连担任了几个边国的相，后来又被汉高祖封为北平侯，食邑一千二百户。吕后当政时，张苍在淮南国为相，在周勃发动政变期间回到京师，担任了御史大夫。

在张苍之前，汉朝的将相公卿主要由武将出身的功臣担任。张苍算得上一个纯文官丞相，任用他符合汉文帝提防武将擅权的本意，而又不至于得罪功臣集团。而且因为王陵的缘故，张苍与武将功臣集团的关系非常融洽。张苍一直将王陵当作自己的父亲，细心侍奉。王陵病死后，他仍然侍奉王陵的妻子。当了丞相后，每到官府休沐（公假日），他总是先到王家侍奉完王陵夫人后才回家。

## 抬眼观天的丞相

张苍喜爱天文历法，酷爱读书。汉高祖是在十月间进入关中的，因此张苍认为汉朝沿袭了秦的水德，应该崇尚黑色，以每年的十月为岁首。张苍还按照水德进行推演，改革音乐的乐律和度量衡的标准。而汉文帝改革法律，张苍也是本着水德的理念赞同并帮助施行的。

本来这样一位经常抬眼望天、沉迷天文大事的丞相，对于喜欢亲自施政的汉文帝来说，真是太合适不过了。可是想不到的是，在张苍当了多年丞相后，一些儒生开始说汉朝应该有自己的德，汉朝灭了秦朝，按照五行相克的说法，应该是土克水，汉朝应该是土德。这大概是自我感觉越来越好的汉文帝也喜欢的说法，因此这个建议逐渐地被提到朝廷的议事日程上来。

张苍当丞相十几年后，有个鲁地的儒生公孙臣上书，正式建议汉朝改奉土德，并预言将有黄龙出现。汉文帝把这个建议批给张苍，张苍当然予以驳回。可不久后，地方上果然上报说有黄龙现身，于是文帝下诏召见公孙臣，还任命公孙臣为博士，起草有关土德的历法制度。张苍觉得好没面子，就称病不出，撂挑子不管事了。

按照中国古代政治的一般规律，一旦某一个大臣失宠了，很快就会有人站出来揭发他的罪行。张苍怠工没几个月，就有人揭发说张苍推荐的某个官员有重大犯罪行为。汉文帝下诏责备张苍，张苍只好主动提出辞职。

## 步兵出身的丞相

汉文帝原来打算任命小舅子窦广国为丞相，但唯恐打破势力平衡，只好在犹豫了一个月后，在功臣集团中选择申屠嘉为丞相。

申屠嘉也是武将出身的功臣。刘邦起兵后，申屠嘉因“材官蹶张”（身为弓弩步兵能够拉开强弩）跟从刘邦，汉朝建立后被封为关内侯，后来逐步升迁为御史大夫，位列三公，按照惯例，应该继任丞相。之后汉文帝把申屠嘉任命为丞相，封故安侯。

申屠嘉为人廉直，从来不接受私人的拜谒，汉文帝对他比较放心。当时汉文帝宠信太中大夫邓通，不仅赏赐邓通“累巨万”，还曾经到邓通家吃饭。有一次申屠嘉入朝，邓通站在汉文帝身边，对申屠嘉没有礼貌。申屠嘉很恼火，在谈完政事后，说：“陛下幸爱群臣，可以让他们富贵；可是朝廷的礼节，不可以不严肃。”汉文帝把这意见当场顶回去，说：“你别说了，这是我的个人喜好。”想不到申屠嘉回到丞相府，发出正式文件，要召见邓通，并说明，如果邓通不来的话，就要杀了邓通。邓通害怕了，先去看望汉文帝，请求庇护。汉文帝是个政治家，绝不会因为这种小事得罪功臣集团的代表。因此他让邓通立即去丞相府，说：“你先去，等一会儿我再派人来叫你。”邓通见到丞相，除掉了头上的冠，光着脚给丞相叩头。申屠嘉端坐着，也不还礼，大声斥责说：“朝廷是高皇帝的朝廷，邓通你这个小臣，竟敢在宫殿上没有礼貌，是大不敬的罪过，应该处斩。执法吏，给我把他拿下，立刻执行！”邓通吓得拼命磕头赔罪，满脑门都是鲜血，申屠嘉还是不松口。汉文帝估计申屠嘉气也出够了，便派出使节拿着代表皇帝权威的符节来召唤邓通，并传话向丞相道歉：“这是我的弄臣，请丞相放过他。”

显然，汉文帝时期，功臣集团还是重要的势力集团，汉文帝并没有与之直接冲突的打算。那么，他如何在既有的格局中来贯彻自己的政策？他依靠谁来执行决策？

## 往朝廷里掺沙子

汉文帝从上台之初起，就抱定了要牢牢把持决策大权的宗旨。他已经看透把持朝廷的功臣集团为了保住既得利益是不想也不愿有所变革的，为此他需要通过引入其他力量往朝廷里掺沙子，帮助自己决策。

史书上说，汉文帝登基后，每次上朝、散朝时，如果侍从队列中有郎或者文武百官队列中有臣子向他上书的，他会立刻停下车辇，接受上书，回到宫内仔细阅读。上书所言不可用的就收藏，有可用的建议就采纳，并且都有一个表示称赞的回复。

他还尽力要求群臣直接向他提出建议。在他登基的一年多后，发生了一次日食。他借着这个由头下诏请求群臣给他提出建议："群臣都要思考朕是否有过失，以及知见不及之处，并立即上书来告诉朕。将贤良、方正的人才以及能够直言极谏的人推荐给朕，来补正朕的不足。"

汉文帝首先注重的是从自己的侍从队伍里寻找帮手。前文说过，汉朝初年的时候，宦皇帝与官吏是两个系统，前者原来只是为皇帝个人服务，可是汉文帝却从这些侍从里挑选了一些谋臣帮手，并逐渐将他们派到政府部门担任官职，从而开始将这两大系统合并为皇帝直接指挥的官僚队伍。

## 百搭型的谋臣

汉文帝最重要的谋臣之一是袁盎。袁盎是楚地人，他的父亲因为参加盗匪团伙而被迁徙到关中地区，从此在关中地区落户。袁盎的哥哥袁哙先进入官吏队伍，和周勃关系很好。而袁盎在吕后的侄子吕禄那里为舍人（贵戚官僚属员，类似宾客），在汉文帝上台后，这应该是袁盎的一个历史污点，可是由于有大哥和周勃的这层关系，袁盎反倒有了更多的机会，被大哥袁哙保举为汉文帝的中郎（高级郎官，皇帝的侍从）。

袁盎没有显贵的出身，但袁氏家族有不少人在朝廷担任中层官职，有着广泛的人脉关系。难能可贵的是，他担任了汉文帝的侍从后，能够从汉文帝的角度出发为汉文帝出主意，不受原有关系的影响。比如前面已经提到过的，周勃为丞相时，有点居功自傲的倾向，袁盎以功臣与社稷之臣的区别劝告汉文帝，汉文帝接受了他的意见。袁盎的意见是对事不对人，后来周勃被捕时，袁盎极力为他辩解。这种不依附既有权势集团的态度，是汉文帝最需要的。袁盎又有非常强的游说能力，游说的切入角度总是出人意料而又给人启示，是一个百搭型的谋臣。

汉文帝进宫不久就喜欢上了宦官赵同，经常和赵同亲密接触。赵同由此不免有点作威作福。袁盎的侄子袁种是汉文帝的常侍骑士，为汉文帝看管符节，与汉文帝同进同出。他告诉了袁盎汉文帝出巡的时间，袁盎在道旁等候，见汉文帝携着赵同坐同一辆车，就在车前俯伏拦路，高声上奏说：“臣听说与天子同乘六尺车舆的人，都应该是天下的英豪。今天的汉朝即使没有英雄好汉，陛下为什么却要与‘刀锯余人’（受过宫刑的人）同乘一辆车？”汉文帝笑了，立刻叫赵同下车，赵同只好哭着在车旁跟着走。汉文帝由此把袁盎提拔为侍卫队的首领中郎将。

汉文帝喜欢乘马车飞驰的感觉。有一次从霸陵回来，他打算从陡坡飞驰而下。袁盎骑马在旁侍从，拉住缰绳不让马飞奔。汉文帝说：“你是不是害怕了？”袁盎说：“臣听说‘千金之子坐不垂堂，百金之子不骑衡’，圣明的皇帝不应该轻易冒风险。现在陛下要赶着六匹骏马拉的马车下山，万一马惊车败，即使陛下觉得无所谓，那谁来侍奉高皇帝的宗庙和太后呢？”汉文帝于是止住了马车。

汉文帝宠爱慎夫人，在宫殿里经常与慎夫人同席而坐。有一次汉文帝带了皇后及慎夫人等后宫人员到上林苑野餐，袁盎作为侍从引导慎夫人坐到下席。慎夫人火了，不肯入座。汉文帝也火了，站起身来退到帐篷里。袁盎赶上前去劝说道：“臣听说尊卑有序则上下和。现在陛下既然已经立了皇后，慎夫人只有妾的身份，妾和主人难道可以同坐吗？这正是失尊卑的体现。而且陛下喜欢慎夫人，多给点赏赐也就是了。陛下如果这样疼爱慎夫人，那真的可能是要害她，陛下难道忘记了吕后将高祖最喜爱的妃子戚姬砍去手脚做'人彘'的惨祸吗？"汉文帝醒悟过来，叫他去向慎夫人说明。慎夫人听了也很感激，赐给袁盎五十金。

袁盎反对汉文帝过分娇宠皇族，为此他被派到陇西（治今甘肃临洮）去当都尉，成为地方军事长官，以后又被派到齐国为相。不久又被派到吴国为相，走的时候他的远房兄弟袁种劝他说："吴王骄横了很长时间，做了很多奸诈的事情。如果你要弹劾他，他都不用报告皇帝，直接就可以派人杀了你。你不如经常与他喝酒，乘着酒兴多劝他不要造反。"袁盎用了袁种的计谋，和吴王的关系搞得很好。

任满回到朝廷后，袁盎有一次在路上遇到了丞相申屠嘉，他下车拜谒，可丞相只是在车上还礼。袁盎很没有面子，就亲自到丞相府第求见。申屠嘉把他晾了很长时间才接见他，袁盎跪下请求说："请屏退左右，我们密谈。"丞相说："你要是说公事的话，请到丞相府去与我的部下接洽，他们报告我，我再去向皇帝上奏。如果是想说私事，我可不接受私人的请托。"袁盎跪着说："您身为丞相，觉得比得上陈平或周勃吗？"丞相说："我比不上。"袁盎说："对呀，您自己都知道比不上。陈平和周勃是高皇帝的助手，平定天下后为将相，并且还消灭诸吕势力，恢复刘姓皇室。您不过是个射弩的步兵，累积功劳才做到一个郡的太守，没有大胜、攻城的大功劳。皇上从代国来到朝廷即位后，急于招致天下的贤士大夫。皇上每天都在闻所不闻、明所不知，日益圣智；而您却自我封闭，打算钳制天下的口舌而日益愚蠢。上有圣主，下有愚相，您不久就会有灾祸了。”申屠嘉果然害怕，接连下拜请袁盎到内室坐下交谈，说：“我是鄙野之人，确实不明智，幸有将军教导。”从此袁盎又成为丞相的谋士，成功地掺入朝臣队伍。

## 才子谋士

汉文帝时期最出名的谋士是贾谊。贾谊从小就是闻名于家乡洛阳的神童，十八岁时，已经能够流利地背诵《诗经》，熟练地阅读、解释古书，诸子百家都能融会贯通。河南郡守吴公非常器重他，把他招到门下为谋士。汉文帝登基后，听说吴公在当年的考核中名列全国第一，就把吴公招到长安来当廷尉，贾谊也随之到了长安，并很快被吴公推荐给了汉文帝。汉文帝与贾谊交谈后，立即将他任命为博士。

贾谊在汉文帝因日食下诏“求直言”后，立刻给汉文帝上书，提倡重农。贾谊说：“《管子》这本书里讲：‘仓廪实而知礼节，衣食足而知荣辱。’自古以来，从没有听说过百姓衣食不足却可以天下大治的。古人云：‘一夫不耕，或受之饥；一女不织，或受之寒。’生产有时间限制而花费没有穷尽，天下的物力就必定要减少。因此奢靡是天下残破的主要原因。”他认为汉朝自建立以来，公私的积蓄都还很少，万一有灾难发生，百姓只好出卖爵位和子女。所以他建议现在应该让百姓都去务农，使天下各食其力，不断积蓄，这样才可以使人民乐得其所，人民安居乐业后才可以天下大治。

汉文帝接受了他的建议，不过并没有像他建议的那样采用禁止游食（居处不定，到处谋食）、处罚懒惰等激烈手段直接驱使百姓务农，而是采用温和的办法，亲自去耕种土地，来为臣民作出表率。同时要求各地积蓄物资，无论官民。

贾谊是个二十来岁的小伙子，在朝廷众多博士中年纪最轻，可是每当汉文帝下诏请博士讨论皇帝将要发布的诏令时，各位老先生都讲不出什么道理，只有贾谊滔滔不绝，讲得头头是道，能够综合大家的意见。博士子弟（学生）都称赞贾谊有能力，是最出色的博士。汉文帝知道了，接连越级提拔，一年里就把贾谊提拔到了太中大夫的位置。

贾谊有很大的政治抱负。他认为汉朝已经兴起了二十余年，天下和洽，应该进行全面的制度改革。他重新确定了每年的正月，改变了官服的颜色，改革了政治及法律制度，重新确定了官职名称，大力开展礼乐教化。他还为汉文帝起草了全面改革的方案，基本设想是把朝廷崇尚的颜色确定为黄色，崇尚的数字应该是五，所有的官职名称要抹去秦朝的痕迹。这些看起来很迂阔、很空虚的改革，在当时却是颠覆性的。因为整个皇朝政治的意识形态认为上天具有统辖一切人事的能力，人能够做的只是尽力侍奉上天，具体表现就是确立或改革这些关于岁首、颜色、数字、名称等从我们现在的眼光看来是荒唐、不具有政治因果关系的制度。

汉文帝当时即位不久，感觉应该以稳定为先，不愿大事改革。他仍旧坚持先进行迫在眉睫的几项改革，贾谊在其中发挥了重要的作用。他为汉文帝起草了具体的废除株连收孥、废除诽谤罪名等法律改革方案，还为汉文帝起草了“列侯悉就国”的诏书。

汉文帝很欣赏贾谊的能力，打算把贾谊提拔到公卿之位。可是贾谊建议或参与的这些改革已经严重影响到功臣集团的利益，功臣集团绝不接受这样的人进入到自己把持的朝政中任职，于是纷纷反对。周勃、灌婴等三公都批评贾谊：“一个洛阳少年，只不过学了点学问的皮毛，就一心想要擅权，搞乱了政事。”

汉文帝遭到功臣集团的全面抵抗，于是不得不牺牲贾谊，把贾谊调到长沙，担任长沙王的太傅

（老师）。

贾谊在长沙待了一年多以后，回到长安。汉文帝立即召见了他。那天汉文帝刚祭祀了上天，因此就询问有关鬼神的问题。贾谊宣讲鬼神天道，娓娓道来，汉文帝听得入神，一直听到了深更半夜，不知不觉中自己的膝盖往前移动，靠近贾谊。汉文帝很感慨地说："我很久没有见到贾生，自以为已经超过他了，现在才知道还是不及他呀。"

贾谊认为当时汉朝外有匈奴强敌，内有诸侯坐大，政治形势还远不容乐观，于是为汉文帝上了《治安策》，宣称当前形势"可为痛哭者一，可为流涕者二，可为长太息者六"，认为首要的问题是诸侯国过于强大。他的其他建议包括抵制社会奢靡风气，大力发展农业；贯彻礼教，诱导百姓移风易俗，还建议任命懂礼教的士大夫担任官员，表达了儒生希望有一个更通顺的政治进阶通道的愿望。他还建议建立等级制度，各类日用品都应该有等级差别。

针对秦以来官吏集团对于法律的迷信，贾谊特别强调法律只是治理社会的马后炮，过度使用法律的处罚力量，会使百姓对法律有抵触情绪，进而与朝廷积怨，礼教才是长治久安、使百姓道德水准提高的根本。

就在贾谊这次回京的前不久，发生了周勃入狱的事件。贾谊不计前嫌，倒过来为大臣、贵族说话，建议礼遇大臣、贵族，对犯罪的大臣、贵族，应该按照周代的古礼对待。有贪污行为的要委婉地称呼为“簠簋不饰”，有淫乱行为的要委婉地称呼为“帷薄不修”，有不能胜任职务的要委婉地称呼为“下官不职”，使他们感到耻辱，自行改正。即使犯了大的罪过，也不应该像普通人那样直接逮捕法办，而应该暗示他们自行了断。这样可以使天下人都知道廉耻，让大臣们更自觉地为朝廷效忠。

汉文帝尽管很钦佩贾谊的才华，不过对于他的这些建议也只是按需而取。其中最立竿见影的措施，是不再直接按照法律来逮捕、处罚大臣，以此作为向功臣贵族集团的姿态性让步。

汉文帝依然没有办法把贾谊安插到朝臣的位置上，只好将贾谊拜为自己喜爱的小儿子梁怀王的太傅。想不到的是，几年后，梁怀王骑马时不慎摔死了。贾谊为此自伤不已，心中郁闷，一年多后也死了。

## 积极建言者

在汉文帝因日食号召群臣提建议的诏令下达后，还有一个积极进谏并被史书记录下来的建言者叫贾山。

贾山是河南颍川（治今河南禹州）人，祖父曾是秦末的博士弟子，贾山因此受到家学熏陶。他是个杂家，算不上是醇儒。成年后在颍阴侯灌婴门下做事，似乎没有很出色的表现。汉文帝下诏后，他写了《至言》进献给汉文帝。

他在文章里以秦朝迅速败亡的历史教训为例，强调君主听取不同意见的重要性。他说君主的权势如雷霆万钧般强大，再贤明的人也不敢轻易开口，这样一来，君主就不会知道自己的过错。他说古代的圣王有各种听取谏言的制度："史"（记录员）在君主前记录过失，工匠"箴谏"（以俗谚形式劝谏），盲人"诗谏"（以诗歌劝谏），公卿贵族"比谏"（以事类比劝谏），士子"言谏"（以语言劝谏），平民庶人在道路上批评，商人在市场上讨论，所以君主可以知道自己的过失，改正过失，"所以永有天下也"。而秦始皇反其道而行之，没有供养老人的仁义，没有辅弼的大臣，没有进谏的士子，"退诽谤之人，杀直谏之士"，周围全是拍马屁的小人，"天下已溃而莫之告也"。

贾山在歌颂了汉文帝的种种仁政善举后，劝谏汉文帝"靡不有初，鲜克有终"，注意减少外出游猎，减少与大臣的宴会，多与朝臣讨论政事。并且抓紧设立礼教教育机构，"风行俗成，万世之基定"。

贾山这次上书的内容实在是充满了理想主义的色彩，洋洋洒洒数千言，具体建议只有后面几项。不过以后他几次上书说的都是具体的事项，尤其是激烈反对汉文帝放任民间自由铸钱以及广封子弟为诸侯王等等，但都没有引起汉文帝的兴趣。

显然汉文帝接受群臣的建言是有限度的，尤其是在涉及有关皇亲子弟的问题时，汉文帝几乎总是自行其是。

那么，汉文帝坚持“亲亲之道”究竟有什么用意？他为何如此固执地分封皇室子弟？

## 亲亲之道

现在看起来，汉文帝处心积虑地提防并排斥功臣集团或许是做得有点过了头。和提防并排斥功臣集团相适应，汉文帝还需要扶植一些能够平衡功臣集团的力量，即使这种需要很可能只是他的想象。从平民阶层提拔一些自己的侍从掺入功臣集团把持的朝臣队伍，还远远不够。

他想到的途径之一是大力扶植刘姓皇族集团，让皇族的诸侯王来拱卫皇室，防止朝臣集团再玩一次政变的把戏。

为了维护皇族在整个政治格局中的地位以及皇族内部的平衡，他该在众多的皇族中扶植哪一支、排斥哪一派？

## 讨嫌的皇侄们

汉文帝在皇族中最需要提防的就是齐王刘襄，以及他那几个强出头的兄弟。

齐王刘襄是在吕后死了以后第一个起兵的。他起兵的目的当然不仅仅是消灭吕氏集团，还有争夺皇位。只是因为功臣集团选择了代王刘恒，作为刘恒的晚辈，他不能直接提出异议，何况他拥有的武装并不具备与功臣集团率领的朝廷正规军队抗衡的实力。

汉文帝登基后，大行封赏，却故意将反吕首义的齐王完全忽略。这不仅是对他觊觎皇位的警告，更是对他胆敢擅自起兵的警告。虽然齐王的三个兄弟都被汉文帝加封了二千户，但在封赏的排位上却是位于拥戴他登基的功臣之末的。

很凑巧的是，汉文帝登基一年多，刘襄就生病死掉了，他的大儿子刘则即位。这个国王相当懦弱，构不成威胁。齐王刘襄这一脉皇亲中，朱虚侯刘章、东牟侯刘兴居最为强悍。

又一年后，对拥戴汉文帝登基起了关键作用的燕王刘泽也病死了。

汉文帝登基后的第二年（前178年）三月，朝臣们建议汉文帝将诸位皇子分封为诸侯王。汉文帝继续采用平衡手法，下诏先立赵幽王少子刘辟强为河间王，朱虚侯刘章为城阳王，东牟侯刘兴居为济北王——特别指定后两位诸侯王王国的领地从齐国各割出一个郡来设置。然后才立皇子刘武为代王，刘参为太原王，刘揖为梁王。

前177年农历五月，匈奴右贤王入侵，占领了黄河河曲南部，并侵入上郡（治今陕西榆林），威胁到汉朝北方边境。汉文帝亲自到甘泉（在今陕西淳化西北）发布动员令，由丞相灌婴调动指挥八万五千车骑兵，经由高奴（治今陕西延安东北）进攻匈奴右贤王；另外将中尉材官（京师地区的警备部队）全部划归卫将军宋昌指挥，警卫长安。匈奴右贤王没有再敢深入，退出了塞外。

汉文帝从甘泉前往高奴劳军，顺路回到原来代国的晋阳。他在那里会见原来代国的群臣，给予赏赐；并宣布免除晋阳、中都的百姓三年的土地税。

汉文帝在太原逗留了十几天，正在怀旧的时候，突然接到报告，济北王刘兴居造反了。

刘兴居在当年与群臣策动反吕的时候，起了很大的作用。群臣密谋之初，曾经许愿未来的皇帝会将赵王的封地给朱虚侯刘章，将梁王的封地给东牟侯刘兴居，并许了他们王位。汉文帝登基后也清楚这两个皇侄原来是要立他们的大哥齐王刘襄为皇帝的，一直对他们很警惕，好在最勇武的城阳王刘章不久病死。而刘兴居被封为济北王后，觉得只有小小的一个郡的地盘，非常不满意。听说匈奴大举入侵，汉文帝集中兵力去对付匈奴，刘兴居错误地估计了形势，起兵造反。

汉文帝接到报告后，再次显示出他行动迅速的处事风格。他先解除了丞相灌婴的兵权，下令解散原来灌婴指挥的防备匈奴的大军，让大军分批回到长安。又先在长安起用了一个功臣棘蒲侯柴武（另有说法是姓陈）为大将军，组建指挥部，接收重新集结的部队，由四个将军指挥，出兵平叛。最后总兵力达到十万人，从关中出击。事先又任命祁侯缯贺为将军，在军事重镇荥阳镇守，防止叛军突袭长安。

两个月后，汉文帝才从太原回到长安，下诏称："济北地区的吏民，在朝廷大军没有来到前就反正迎接的，或者在朝廷大军来时立即以城池投降的，一律赦免罪过，恢复原有的官爵。与刘兴居决裂来投降的，也都赦免。"

在这样周密的部署下，大军集结发动攻势后，才一个月，济北王刘兴居就兵败自杀。原来那位"虎而冠"的舅舅驷钧也因此被免除了侯爵爵位。

## 骄横的亲王

和对齐王的态度形成鲜明反差的是，汉文帝非常宠爱他的同父异母兄弟——淮南王刘长。

刘长的身世极其悲惨，他的母亲原来是赵王张敖的美人（妃嫔的称号），被赵王当作礼物送给了汉高祖刘邦。不久，他的母亲有了身孕，恰好这时，发生了贯高谋反的事件，这个美人不知为何也被牵连进去，被关押在河内郡（治今河南武陟西南）。赵美人的舅舅赵兼通过辟阳侯审食其找到吕后，为赵美人说情。想不到吕后妒忌成性，根本就没有去向汉高祖说情。赵美人生下这个儿子后，绝望自杀。

关押赵美人的官吏把这个不幸的婴儿带到了长安，汉高祖很后悔，为这个孩子起名为刘长，交给吕后抚养，把孩子的母亲安葬在真定（治今河北正定南），后来又封刘长为淮南王。

淮南王刘长从来没有见过亲生母亲，他把从小抚养他的吕后当作了母亲。吕后也不提防他，他在汉惠帝、吕后掌权时都没有受过什么罪。他是个典型的头脑简单、四肢发达的人，长大后知道了亲生母亲的事情，最恨的是辟阳侯审食其，认为自己一切的不幸都缘于审食其当时没有为他母亲去向吕后力争。

汉文帝即位后，淮南王自以为是皇帝最亲的兄弟，骄横一时，多次犯法。而汉文帝也喜欢这个头脑简单的小兄弟，知道他不会威胁到自己，即使刘长犯罪，也尽力赦免。当淮南王来朝见时，汉文帝总是陪着他到园林里打猎游玩，和他同乘一辆车。刘长称呼汉文帝为大哥，也不叫陛下。汉文帝不见怪，还把他的舅舅赵兼封为周阳侯。

淮南王的力气非常大，力能扛鼎。他见汉文帝这样喜爱自己，有一天就去见辟阳侯审食其。他在袖子里藏了一根铁椎，见面时抽出铁椎，给了审食其一椎。审食其被打死后，他还要自己的侍从魏敬上前把审食其的脑袋割下来。他带着审食其的脑袋，来到汉文帝的皇宫前，脱了上身的衣服伏倒在地上请罪。

这样大的事情，汉文帝居然认为淮南王的动机是为了报母仇，是一种孝行，竟然宣布赦免淮南王的罪行。这样一来，满朝公卿见了淮南王都害怕，甚至连薄太后、太子刘启见了刘长都怕，更不要说朝臣了。

淮南王刘长回到自己的王国更加骄恣，出入的仪仗队都比照天子的规格，甚至规定自己下达的命令与皇帝的命令效力相同。汉文帝的谋臣中郎将袁盎多次劝谏汉文帝："诸侯国太大、太骄横，必定有祸患发生。"汉文帝并不理睬。

淮南王刘长越来越有离心倾向，自己颁布王国的法令，把汉朝委派的官吏全都驱逐出境。还上书请求自行任命王国的相国、郡守，汉文帝也都照准。淮南王滥杀无辜，甚至将关内侯等爵位擅自赏赐给他人，几次上书给汉文帝，语气都很傲慢。汉文帝这才开始警惕，亲自写了书信责备淮南王，还要舅舅薄昭也写信去劝告淮南王，列举西周时周公诛杀谋反的兄弟管叔、蔡叔的典故，以及刚被消灭的济北王刘兴居的例子来警告淮南王。

## 兄弟二人不相容

前174年，发生了一起贵族谋反的事件。功臣棘蒲侯柴武的儿子柴奇勾结了七十个人，打算以四十辆车堵塞谷口，谋杀汉文帝。这个阴谋败露后，罪犯的口供牵连到了淮南王。同时又有人报告，说淮南王正在与闽越、匈奴这些境外的政权联络。

事情威胁到了汉文帝本人的权势以及朝廷的安危，汉文帝不再纵容淮南王，要严格按法处置。

汉朝派出使者把淮南王召到长安，由汉文帝派的专员审理案件。最后丞相张苍、代理御史大夫的典客冯敬、管理皇室事务的宗正、负责审判的廷尉一起向汉文帝上奏："刘长按罪名应当处以弃市。"

汉文帝下诏："赦免刘长的死罪，废除刘长的王位；将刘长迁徙到蜀郡严道邛邮（在今四川荥经）居住。"其余的同谋犯则全部处死，还免除了刘长的舅舅赵兼的侯爵爵位。

淮南王被关在辎车（有帷盖的车子）里，按照诏令，每个县派政府的车马接力传送。

袁盎又向汉文帝进谏：“陛下一直是纵容淮南王的，没有为他安排严厉的老师以及国相，才导致今天的事件发生。淮南王为人刚直，现在突然遭遇这样的摧折，臣唯恐他会因突然想不开而生病死亡，这样陛下就会背上杀弟之名，为什么要这样？”汉文帝说：“我只是让他吃点苦头，这就要恢复他的身份。”

淮南王在路上果然因为想不开，绝食而亡。押送的官兵并不知道，到了雍县（治今陕西凤翔南），雍县县令打开缁车，才发现淮南王已经死了，赶紧上报朝廷。

汉文帝听说淮南王死了，大哭了一场，对袁盎说：“我误不听公言，结果淮南王真的死了！现在该怎么办？”袁盎说的话令人匪夷所思：“只有杀了丞相、御史来向天下人赔罪。”

也不知道这究竟算是反话正说，还是正话反说，反正汉文帝有了主意。他马上下令要丞相、御史将淮南王一路上经过的各县县令抓起来严加审讯，凡是没有打开缁车探视的，全部弃市。又命令将淮南王以列侯的规格安葬在雍县，还专门安排三十户坟户为淮南王守坟。

整个淮南王事件非常奇怪，汉文帝在这个事件中的态度大起大落，先是纵容得没有道理，后来又严厉到不近人情。或许他一心想要扶植一个强有力的皇族势力代表，结果做得过了头。发现淮南王有背叛自己的可能后，又恼羞成怒。淮南王是否真的想造反呢？从他老老实实被朝廷使节带回长安来看，这个可能性太小了。淮南王大概想只要他和大哥谈一次，就什么事情都没有了，可是汉文帝不知为什么突然就这样绝情。

隔了两千多年的我们想不通，当时的百姓也想不通。淮南王死后，民间传诵过一首民谣："一尺布，尚可缝；一斗粟，尚可舂；兄弟二人不相容！"

汉文帝听到这个民谣后很难受，因为他最注重的就是自己在民间的形象。

## 坚决拒谏

正在汉文帝为淮南王的事情伤心的时候，袁盎又求见。

袁盎为汉文帝排解说："请陛下放宽心，这已经是过去的事情了，难道还要后悔吗？而且陛下有三项高世之行，单这件事不足以毁坏陛下的名声。"

汉文帝有点兴致了，问："我有哪三项高世之行？"

袁盎说："陛下当代王的时候，太后有病，陛下三年不交睫，三年不解衣，汤药都要亲口尝过才奉给太后。即使孔门弟子、以孝闻名的曾参作为一介布衣百姓都很难做到这样的事情，而陛下以王者之尊能够做到，比曾参的孝行还要高。当年诸吕用事，大臣专制，但陛下毅然只带六辆车从代国赶来，赴这不测之渊，即使是古代孟贲、夏育那样的勇士也不及陛下。陛下到了代邸，西向让天子位两次，南面让天子位三次。远古的许由才一让天下，而陛下让了五次，比许由多让四次。况且陛下迁徙淮南王，是想让他受些苦，让他改过，只是因为相关的朝臣在审问的时候不谨慎，淮南王才死去了。”

袁盎一通马屁，当面赞美汉文帝孝、勇、礼让三方面的美德，还顺便将淮南王死亡的责任一股脑儿全都推到朝臣身上，使汉文帝心情舒畅了不少。汉文帝于是问：“下一步该怎么办？”

袁盎说：“淮南王不是有三个儿子（实际有四个）吗？全看陛下如何安排。”

汉文帝恢复了自信，决心维护皇族集团利益的既定方针不变。汉文帝在两年后宣布将淮南王的四个儿子都封侯，刘安为阜陵侯，刘勃为安阳侯，刘赐为阳周侯，刘良为东城侯。

汉文帝的另一位谋士贾谊见淮南王的四个儿子同日封侯，预感到汉文帝会很快把淮南王的儿子们封为王，于是上书劝谏：“淮南王既然背上了悖逆无道的罪名，天下谁都知道他的罪过。陛下原谅他，赦免死罪改为迁徙，他自己死了，天下谁会认为他死得不应该？现在却又要奉尊罪人的儿子，正好让天下人批评诽谤。这些人还都少壮，难道会忘记父亲吗？战国的时候，白公胜为父报仇，报仇的对象就是叔父。白公胜作乱，不是为了取代国王，而是为了发泄心中的愤恨之气，亲手以刀刺仇人之胸，显然准备好了要同归于尽。淮南国虽然是个小地方，可是过去黥布不就是在这个地方造反的吗？汉朝能够幸存下来，只是幸运而已。树立仇人来危害汉朝，已经是策略失误，还要让他管百姓、积蓄财物。这样一来，不是会有伍子胥、白公胜那样公然报仇的，就是会有专诸、荆轲那样的刺客暗中行刺，正所谓‘借给贼寇武器，帮老虎添上翅膀’。但愿陛下能够预先防备！”

贾谊把话都说到如此极端的程度了，汉文帝依然置之不理。

## 众建诸侯少其力

贾谊这位汉文帝最欣赏的谋士，在淮南王诸子封侯之前已经明确提出了警告。

贾谊的《治安策》中，最核心的内容就是劝汉文帝立即着手防止诸侯势力膨胀、尾大不掉。所谓当前形势“可为痛哭者一，可为流涕者二，可为长太息者六”，其中最关键的，是诸侯国过于强大。他说原来的制度为年幼的国王设置了丞相、太傅，可是诸侯王成年后，血气方刚，都不把朝廷配备的丞相、太傅放在眼里，自行部署郡县的副手，郡（县）丞、郡（县）尉以上官员普遍安插的是私人亲信，和已经反叛的淮南王、济北王没有什么两样。这就是最可痛哭的政事。

贾谊举例说，在群臣诛杀诸吕的时候，如果还像汉初那样有楚王韩信、淮南王黥布、梁王彭越等异姓诸侯王的话，“陛下即天子位，能自安乎？”贾谊又举淮南王的例子，说诸侯王即使是同姓，“实皆有布衣昆弟之心”，但没有不想自己当皇帝的。擅自封赏爵位，赦免死罪，甚至僭用皇帝的服饰，使汉朝的法令在王国被废弃。他说异姓王的反叛好不容易被镇压下去，同姓王造反的征兆却正在显现。根据历史教训，越强大的诸侯越先造反，所以他明确建议“欲天下之治安，莫若众建诸侯而少其力”。多分诸侯国，缩小规模，就容易指使，使其互相牵制，不敢造反。应该将最大的几个诸侯国比如齐国、赵国、楚国等，都分为几个小王国。

汉文帝在淮南王事件之后，注意到了扶植皇族势力必须有所节制。贾谊的《治安策》虽然言辞激烈，他没有全部采纳，但是仍然采取了其中的一些具体措施，比如在几年的时间里对皇族诸侯王进行调整。前169年，他的儿子梁王死后，他将另一个儿子淮阳王刘武迁为梁王，占据了泰山以北、高阳（治今河北高阳东）以西的地方，辖四十多个大县，成为朝廷东方的屏障大国。又将刘章的儿子、继位城阳王的刘喜迁为淮南王，安抚当地。

前164年，汉文帝以两年前去世的齐文王刘则死后无子、王国没有继承人为借口，一下子将齐国分为六个小王国，将原来齐王刘襄的几个儿子分别封为这六个小王国的国王：杨虚侯刘将闾为缩小了版图的齐国国王，安都侯刘志为济北王，扐侯刘辟光为济南王，武成侯刘贤为菑川王，平昌侯刘卬为胶西王，白石侯刘熊渠为胶东王。又把刘喜迁回城阳国，将淮南国一分为三，除了死去的刘良，淮南王刘长另外的三个儿子全都封为国王：阜陵侯刘安继承淮南王位，安阳侯刘勃为衡山王，阳周侯刘赐为庐江王。

这次大调整实现了一举削弱不被信任的诸侯王国的目的，尤其是老冤家齐国从此一蹶不振。

# 国戚难题

为了对抗功臣集团，汉文帝需要有新的足以平衡功臣集团权势的集团。他推行的“亲亲之道”，施惠的对象除了皇亲，就是国戚。国戚有他的母亲薄太后家的亲属，以及他的皇后窦皇后家的亲属。

但是汉文帝当时面临着一个政治禁忌：皇族与功臣这两个权势集团是在消灭了吕氏这个最强势的外戚集团后把自己推上台的，如果他再来扶植外戚，显然会大大激化自己与这两个集团之间的矛盾，政治风险极大。所以，他对于外戚的处理非常谨慎。

## 舅舅的难题

汉文帝唯一的舅舅薄昭据说是位忠厚长者，在群臣诛杀诸吕后迎立汉文帝的过程中，薄昭起了很重要的作用。

薄昭是汉朝建立后才从军的老兵。大概因为姐姐为汉高祖生了儿子的缘故，他得以进入汉高祖的宫廷，当了一名郎。但因为姐姐不得宠，他在宫廷和朝臣中都比较谨慎，渐渐地有了一个好名声。

进了长安后，他一开始依然保持本色，继续当他的忠厚长者。先是做中大夫，在汉文帝即位后被任命为车骑将军，迎接薄太后来长安。之后又被封为轵侯，是万户侯。

后来薄昭一直有将军的身份，有时也要做和朝臣沟通的工作。皇亲之间的问题，汉文帝也会请他出面来沟通。

汉文帝登基满十年的时候（前170年），这位国舅将军出了大问题。不知为什么，他把朝廷派来的使者给杀了。这是藐视朝廷的重罪，没有办法开脱，但汉文帝不忍心按照法律来处理。他让公卿大臣们邀请薄昭聚会饮酒，暗示他自行了断。可是薄昭一点不领情，不愿自杀。汉文帝逐渐加大压力，索性指示朝臣穿上丧服到薄昭家去哭丧，这下薄昭觉得面子丢尽了，只好自杀。

后世的政治家、史学家几乎都指责汉文帝的这个做法。夺了汉朝皇位的曹丕是曾公开赞扬汉文帝的皇帝，但他也指责汉文帝对待舅舅的态度。他说：皇帝对于舅舅这样的长辈亲戚，只应该好好养育，而不应该给他过分的权力，否则就容易触犯法律，最终坏了亲属情分。唐朝的宰相李德裕也说，汉文帝让薄昭自杀这件事做得很果断，但薄昭是太后唯一的兄弟，这样处理伤透了母后的心。

司马光在《资治通鉴》中专门发表评论：贵戚既然犯罪，就一定要按法处理。“法者，天下之公器”，善于执法的人，就应该“亲疏如一，无所不行”，这样才能够使人不敢轻易犯法。但是汉文帝不为薄昭找良师辅导，却让他去管军队。薄昭养成骄横的脾气，直到杀死朝廷使者，显然已经无所顾忌，祸患是汉文帝自己造成的。不过他也认为，薄昭做出如此对抗朝廷的事情，汉文帝如果还要赦免他，那就更是昏君的做法了。

这些评论当然都属于事后诸葛亮式的点评。我们可以倒过来想一下，汉文帝为什么一直将薄昭作为武将呢？

汉文帝这样的人事安排，是服务于他在功臣武将集团中掺入亲信的既定方针的。他从代国带去的旧臣，几乎都进入了军队系统。

比如力劝汉文帝进长安的宋昌，也是行伍出身，汉高祖时期已经有都尉的军衔，进长安后，被任命为卫将军，指挥京师地区的军队，被封为壮武侯。汉文帝在位期间，宋昌一直把持着这个要害职位。另一个汉文帝的亲信郎中令张武，也属于武将系列，一直为汉文帝警戒皇宫，战时则担任将军，率领独立的部队，隐约有点制约其他军队的意思。后来张武因受贿被揭发，汉文帝也是百般庇护。

## 将错就错的皇后

很多皇帝非常信任皇后的亲属。同姓的兄弟子侄太强大了，有取而代之的危险性，而皇后的权威来自皇帝，其亲戚取代皇位的阻力显然比同姓亲属更大。这大概是很多皇帝总是信任皇后亲戚的原因。

汉文帝的皇后是窦皇后。说起来，这里有个将错就错的美丽误会。窦皇后原来是清河（治今河北清河东南）观津（治今河北武邑东）人。吕太后当政时，她作为良家子（出身良家的子女）被选送到宫廷当太后的侍女。后来吕太后决定将身边的侍女分别赏赐给已经受封的各位皇子，每位皇子五名，窦氏就在其中。她很想被分到赵国去，赵王是重要的诸侯王，将来自己有出头的机会，而且赵国离她的娘家比较近。她托人向主管的太监求情，希望把自己排在去赵国的名单上，但最后她被排在去代国的名单上了。名单一经皇帝批准，就没有办法再更改了。窦氏满腹委屈，大哭了一场，就这样被带到了代国。

可“塞翁失马，安知非福”，到了代国后，代王刘恒非常喜爱她，和她一连生了一女三男。代王刘恒当时的王后和代王也有四个儿子。从这一情况来看，所谓代王刘恒曾陪侍病母三年的说法，很可疑。

窦氏运气更好的是，代王刘恒被群臣推举为皇帝的时候，原王后已经病死了。更离奇的是，原王后生育的四个儿子先后夭折，只留下了窦氏的四个孩子。刘恒当上皇帝后没几个月，群臣就请求立太子，当时他儿子里排行老大的就是窦氏生育的刘启，群臣推举的也就是这位刘启。既然刘启是太子，薄太后就顺理成章地指定太子的母亲窦氏为汉文帝的皇后。

等到窦氏成为皇后的时候，汉文帝已经对她失去了兴趣。到了长安，他开始宠爱从邯郸来的一个宫女，封她为慎夫人，后来又喜欢上了另一个宫女尹氏。有点奇怪的是，原来生育能力那么强的汉文帝，当了皇帝后就再也没有孩子了。

窦皇后到长安后不久，就患病失明，不过她那倔强的个性好像从此更为突出。她是个有文化的女人，很熟悉也很欣赏黄老的学说，要求自己的孩子熟读《黄帝》与《老子》。

## 窦氏两兄弟

发动政变诛杀诸吕、推举代王为皇帝的功臣集团，最害怕的莫过于外戚势力的膨胀。他们算准了薄太后家族的势力单薄，也注意到窦皇后家族的势力不大。窦皇后的父母都已经去世，薄太后下诏，要朝廷追尊窦皇后的父亲为安成侯，母亲为安成夫人。下令清河为窦皇后父母的坟墓设置守卫“园邑二百家”，派专门的官吏管理。

窦皇后有两兄弟，大哥叫窦长君，弟弟叫窦广国，字少君。窦广国在四五岁的时候，因为家里贫穷，被出卖为奴，以后被辗转卖了十余次，完全与家庭失去了联系。成年的窦广国有一次在宜阳（治今河南宜阳）为主人进山烧炭，作业现场发生了山崩事故，当时山坡下的一百多人全都死在了事故中，只有窦广国一个人得以逃脱。大难之后，窦广国被主人带到了长安。他听说朝廷新立的窦皇后是观津人，他还记得家乡的县名，记得小时候和姐姐一起爬桑树从树上摔下来的事情。他求人向皇帝上书，说明缘由。

窦皇后得到上书，向汉文帝请求召见窦广国。窦广国入宫后，被仔细传话询问，他都根据回忆回答。最后窦皇后传话问还有什么证据，窦广国说：“只记得姐姐在我被卖的时候，和我在官府的传舍中最后告别，讨了热水为我洗澡，乞讨了食物让我吃饱后才走的。”窦皇后听了情不自禁地上前抱住了窦广国，姐弟俩哭成一团，左右侍御只好全伏在地上陪着一起大哭一场。

窦皇后请汉文帝给自己的两个兄弟“厚赐田宅金钱”，在京师安家。对这个意外之喜感到意外之忧的是功臣集团。他们原来以为窦皇后只有一个兄弟，现在突然又冒出来一个，而且还因为曲折的经历受到广泛的同情。周勃、灌婴等人商量说：“我们的生命都要悬于这两兄弟了！这两人出身低微，非要认真给他们选择师傅、宾客不可，否则一旦他们效法吕氏，那就要出大事了！”于是朝臣们挑选了有节行的读书人和这两兄弟一起居住，陪他们读书，教导他们作为贵族应有的礼节。据说窦长君、窦少君由此成为“退让君子”，为人处世都不敢“以尊贵骄人”。

汉文帝小心翼翼地对待这两位大小妻舅，没有给他们封侯爵爵位，好像也没有给他们官职。他知道功臣集团对于后族外戚势力的增强实在太敏感了，他不愿意破坏这个平衡。丞相张苍被免职后，他曾考虑起用窦广国为丞相，可顾忌到功臣集团的反对，他最终还是放弃了这个计划。

后族外戚是帝王的天然盟友。汉文帝的种种措施，已经逐渐将汉朝一直以来一定程度上的君臣分治状态变为皇帝专权，决策权力已经不可逆转地全面掌握在皇帝手中，那么皇帝就必须要有自己完全信任的工作班子与执行班子。窦氏的权势总会逐渐成长起来，只不过并不是在汉文帝这位平衡大师的时代。

# 怀柔安边

汉文帝即位后面临的最重要的课题是如何应对边境危机。北方的匈奴，南方的南越，都是汉王朝面临的难题。

## 胡马时常过阴山

北方的游牧民族与中原的农耕民族有着经济交往的需求，有时双方又会陷入长期的冲突。受山脉地势的影响，中原王朝如果将北方边防线推进到祁连山—阴山—燕山以北，战线就会成倍拉长，呈现巨大的漏斗形，部署的军队人数需要成倍增加。而这一边界地区处在农牧经济转换区，中原王朝的军队很难在当地解决补给问题，只能依赖后方农业地区的支援，这又制约着部署军队的人数。中原王朝如果放弃这一线，北方游牧民族的军队就容易沿河西走廊，或者沿六盘山、吕梁山、太行山这些南北走向的山脉进军中原，或者突破燕山山口进入华北平原，大致形成集中突击的态势。而中原王朝部署的军队受这些山脉阻挡，难以及时横向调动加以堵截，很可能落得个被动挨打的局面。

前214年，秦始皇派遣大将蒙恬率三十万大军出征匈奴，在击败匈奴后，三十万大军即沿着上述那条边防线部署，修筑长城，司令部设在上郡。秦末农民起义后，北方的边防线瓦解，匈奴势力得以迅速向南扩张，经常出没于黄河河曲地区，频频向南侵扰。有的部落游击于陕北高原，离长安城只有七百里，轻骑兵奔袭一昼夜就可抵达长安城下。

原来西汉的如意算盘是在边界设立诸侯王国作为抵挡匈奴的缓冲地带，可是没料到同姓王往往并不具备镇守边疆的威信与能力。比如前200年匈奴进攻代国，代王刘喜弃国而逃，刘邦的儿子刘如意又被立为代王，但新的代王却不敢就国，仍然留在长安。而异姓诸侯王在与朝廷发生矛盾后，往往和匈奴勾结，让开道路让匈奴入侵，甚至公开投靠匈奴。前201年，韩王信被汉高祖改封到太原以北地区，国都在马邑（治今山西朔州），当年就遭到匈奴的围攻。韩王信投降匈奴，让开大路，使匈奴得以进攻太原。第二年汉高祖亲自讨伐韩王信，韩王信索性逃入匈奴部落，与匈奴合军，连年侵扰中原。前197年，赵国的丞相陈豨发动叛乱，自立为代王，与匈奴遥相呼应，也是靠刘邦御驾亲征才镇压下去。前195年，燕王卢绾造反，与匈奴同谋，在被大将樊哙打败后也逃入匈奴。由于有一批汉朝的叛将为匈奴带路，中原地区长期战乱，导致社会经济极其凋敝，汉朝的军事实力也随之下降，在与匈奴的战争中丧失了主动权。

在这种情况下，西汉朝廷被迫改变策略，开始以和亲政策对付匈奴。汉高祖派了刘敬为使节，和匈奴约定，汉朝皇帝和匈奴单于“约为昆弟”，兄弟相称。同时又以刘氏皇族的“宗室女公主”为单于阏氏（王后），双方结为亲家。每年汉朝“岁奉”给匈奴一定数量的絮缯（丝织品）、酒米。到吕后执政时期，汉朝依然坚持这一方针。甚至冒顿单于在得知汉高祖去世后，写了有挑逗语句的信件来挑衅，汉朝仍然忍让，继续和亲。

汉文帝上台的第三年，匈奴的右贤王部落进入到陕北高原中部，骚扰附近地区。汉文帝以丞相灌婴挂帅，出动八万五千车骑兵，驱逐了右贤王所部。但正在这时，济北王造反，汉文帝为此解散了这支与匈奴作战的部队。

## 先南后北的战略

汉文帝没有急于处理与匈奴的关系，可能是他权衡利弊后，觉得南方的南越更容易对付。

南越国是秦末秦朝驻军将领赵佗自行建立的王国。秦始皇时，秦朝在岭南地区先后设置了桂林（治今广西桂平西南）、南海（治今广东广州）、象（一说治今越南广治省境，一说治今广西崇左）三个郡，动员中原百姓向岭南移民，并发配大量中原地区的罪犯到这三个郡定居。这些中原移民与当地的土著开始了长期的融合。

赵佗原来是真定人，行伍出身，在南征战役中曾受命率军翻越五岭进攻岭南地区，这个地区号为百越，有众多的部落。赵佗预感到中原地区难以支持如此远距离的征战，没有积极推进。他反而请人上书，请求向岭南地区发送三万名未婚妇女，让驻军士兵成家。秦始皇答应派出一万五千名妇女，随后下令在民间征发妇女去南越，加剧了民间的动乱。

这时赵佗已经被任命为南海郡下的龙川县（今广东龙川）县令。不久秦始皇去世，中原地区发生了农民起义。南海郡的郡尉任嚣一直很欣赏赵佗的能力，他在重病的时候，特意召赵佗到番禺（今广东番禺），嘱咐他说：“我听说中原有陈胜等人在作乱，秦朝施政无道，天下受苦多时，现在群雄并起，中原混乱，不知何时能够安定。南海地方僻远，我担心乱军会侵入本地，打算发动军队封锁道路，可又患上了重病。岭南这个地方南面是大海，东西有数千里之遥，已经有了不少中原的移民，可以自立为国。我感觉郡中的官吏没有人可以商量，才叫你来的。”任嚣立即出具书面文件，任命赵佗代理自己的职务。

赵佗按照任嚣的嘱咐行事，下令各地封锁与内地的交通。并借着军事力量，逐渐消灭反对自己的秦朝官吏，自行委任官吏。以后又趁着秦朝灭亡的机会，迅速出兵攻占了桂林郡、象郡，自立为南越国王。

汉高祖平定中原后，考虑到中原久经战乱，不再发动与南越的战争，默认南越的割据状态。汉朝建立十一年（前196年）时，汉高祖派遣陆贾出使南越，经过谈判，正式册封赵佗为南越国王，给他刻了南越王的玉玺，“剖符通使”（交换书面文件，互相派遣使节），划定南越与汉朝的诸侯国长沙国的边界。可是汉高祖死后，吕后当政，汉朝决定在经济上封锁南越，禁止向岭南地区输出铁器、农具，甚至规定不准输出母马、母牛、母羊。南越先后三次派出使节交涉，都被扣押在长安。赵佗又听说自己家族在真定的墓地已经被破坏，留在中原的兄弟宗族也都被杀光。为此，他决定以武力对抗汉朝，自称皇帝，不再当汉朝的藩属。吕后得知后，索性宣布撤销了南越王的王位。

赵佗怀疑是长沙王在中间捣鬼，于是发动了对长沙国的袭击，吕后遂派遣大军征讨。由隆虑侯周醶率领的大军在暑热季节出兵，士兵大面积中暑并遭遇传染病侵袭，根本没能够翻越南岭。吕后一死，这支远征军就被撤回。赵佗乘机进一步扩张，把势力扩张到了今天的福建以及广西一带，号称拥有“东西万余里”的土地。

汉文帝即位的当年（前 179 年），就着手处理南越问题。他派出使者去修建真定赵佗家的祖坟，配置了专门守坟的人户，定时奉祀。还派人找到了赵佗的兄弟及堂兄弟，赐给他们官位财物。并接受陈平的建议，起用陆贾，任命他为太中大夫，前往南越国。

汉文帝亲自起草了给赵佗的信件。这封信大概在汉朝档案里有副本，《史记》和《汉书》的南越王赵佗传记里都有记载。

信中，汉文帝首先以低姿态向赵佗致意：“朕是高皇帝侧室之子，被长期遗弃在外地，在北方的代国为汉朝的藩属。由于路途遥远，本人孤僻愚陋，未曾与国王致书通信。”这样的自我介绍，显然是为了拉近与赵佗的距离，告诉对方自己也曾是汉朝藩属国国王。然后汉文帝介绍了自己上台的经过，汉高祖、吕太后去世后，“诸吕为变，赖功臣之力，诛之已毕”，自己是因为王侯、官吏的多次推举，不得不为皇帝的。这也是一种极其低姿态的表示。

接下来的内容就是实质性的了。汉文帝先说明自己上台以来已经采取了措施纠正吕后时期对待南越的不恰当政策：解散了集结的征讨大军，找到了赵佗的亲兄弟，修整了赵佗家的祖坟。然后向赵佗建议停止战争状态：南越进攻长沙王国，使得长沙与南越的人民都受苦，并不能给南越带来利益。战争必然“多杀士卒，伤良将吏，寡人之妻，孤人之子，独人父母，得一亡十”，“朕不忍为也”。

汉文帝表态说，长沙与南越的边境犬牙交错，是高皇帝时候确定的，自己作为孝子是不应当改变的，但绝不会去夺取南越的国土：“今得王之地，不足以为大；得王之财，不足以为富。”并向他保证“服领以南，王自治之”。只是说赵佗如果坚持使用皇帝称号，就没有办法来交流。“两帝并立，亡一乘之使以通其道”，就要导致争夺；“争而不让，仁者不为也”。于是建议“愿与王分弃前恶，终今以来，通使如故”。巧妙地把要求赵佗放弃皇帝称号的意思隐含在希望与南越交流通使的内容里。

汉文帝的低姿态让赵佗很满意，他也很现实，既然汉文帝不打算侵害他的既得利益，一个皇帝的虚名他还是愿意放弃的。于是他也写了一封极其低姿态的书信，自称“蛮夷大长老夫臣佗”，将与汉朝交恶的原因全部推到吕后以及谣言上去，宣布愿意“长为藩臣，奉贡职”，“老夫死，骨不腐。改号，不敢为帝矣！”并立即在南越国内宣布：“吾闻两雄不俱立，两贤不并世。皇帝，贤天子也。”自己不再称皇帝。

汉文帝使用文攻策略，很快摆平了南方的边境问题。使用的方法从严格的中央集权角度来说，是一种妥协。

那么，对于没有妥协意愿的匈奴，这个办法会有效吗？

## 笔墨口舌之战

就在汉文帝即位的同时，北方的匈奴部落正在进行大兼并，所以右贤王的主动撤退，很可能只是匈奴在发起兼并战役之前扫清侧翼的防卫措施。汉文帝抓住时机先解决南方问题，是恰逢其时。

汉文帝三年（前177年），冒顿单于给汉文帝来信，自称“天所立匈奴大单于”，而对汉文帝只是简单地“敬问皇帝无恙”。不过这封口气不太谦卑的外交信件，实质内容倒是具有妥协性的。

冒顿单于在信中简单回顾了与汉朝的和亲历程，认为双方都很满意。只是因为汉朝的边疆官吏侵侮了右贤王，才导致右贤王出兵，并断绝了外交书信，“绝二主之约，离兄弟之亲”。冒顿单于宣称自己已经为此处罚了右贤王，要右贤王率部出击月氏，已经消灭了月氏部落，同时还征服了楼兰、乌孙等西域二十六国，把他们都纳入了匈奴的控制范围，“诸引弓之民，并为一家”。在炫耀了强大的武力后，冒顿单于的话锋一转，建议匈奴与汉朝恢复和亲关系，“皇帝即不欲匈奴近塞，则且诏吏民远舍”，双方各自约束自己的百姓不越界经营。并随信赠送给汉文帝一匹骆驼、两匹供骑乘的骏马以及“二驷”（八匹拉车的同色马匹）。

当年的六月中旬，匈奴的使者进入汉朝边界。书信传到长安，汉文帝照例召集群臣讨论，以功臣集团为主体的公卿都认为：“单于新破月氏，气势正盛，汉朝不可出击。而且即使打败匈奴，匈奴的土地低洼而多盐碱，中原百姓不可居住，还是照旧和亲为妙。”于是汉文帝决定继续和亲。

不过奇怪的是，汉文帝并没有按照冒顿单于的要求立即回复。他足足拖了一年多，到了汉文帝六年（前174年），才回了一封不卑不亢的书信。

信件开头只是简单地问候“皇帝敬问匈奴大单于无恙”，并引用冒顿单于信件中有关重新和亲的建议，“朕甚嘉之，此古圣主之意也”。顺便指责一句，说自汉与匈奴约为兄弟后，汉朝给了单于很丰厚的礼物，但经常有背约的事情发生，主要责任都在匈奴，“倍约离兄弟之亲者，常在匈奴”。要求单于“明告诸吏，使无负约”。随信赠送了皇帝穿着的锦绣袍子、长衫各一套，黄金腰带及一些黄金饰具，十匹丝绣，三十匹锦缎，红绿绸缎各四十匹。

想不到的是，这次汉朝架子摆得太大了点，错失了一个好时机：礼物和信件送过去不久，主张与汉朝和亲的冒顿单于就病死了。他的儿子稽粥登基，号为老上单于。

按照和亲的惯例，匈奴新立了单于，汉朝就应该送一位号称公主的宗室女子过去，为单于的阏氏。为了送公主过去，汉朝宫廷选择了一位能干的宦官中行说担任领队。可是这位宦官却非常不愿意，被强迫派遣后，这个宦官居然宣称：“一定要我去的话，我去了就要让汉朝为难。”

中行说到了匈奴单于的营帐，就抛弃了汉朝臣子的立场，宣布愿意效忠于单于。这个中行说非常能干，能说会道，大得单于的宠信。他尽给老上单于出主意，和汉朝对着干。

汉朝每年给匈奴部落送去丝织品、服装和粮食，匈奴人在衣食方面也逐渐接受了汉族的习俗。中行说提醒单于：“匈奴人口还没有汉朝的一个郡人口多，之所以这么强大，就是因为衣食方面和汉朝不同，不依赖汉朝的供给。现在习俗如果因此改变，汉朝拿出不足十分之二的物资，就可以把匈奴买过去了。”他提醒了匈奴人保持独立性的重要性，甚至建议把汉朝送过去的缯絮，都放在棘草丛中，放马去踩踏，以此来显示汉朝的服装不如匈奴传统的旃裘。汉朝的食物也都要扔掉，以此表示奶酪之类的传统食物的可贵。

如果他仅仅宣扬匈奴的习俗不容更改倒也罢了，可他又把汉朝的审计制度引入匈奴，教匈奴进行户口和牲畜登记，大大提高了单于的统治效率。他还拿中原民族最敏感的面子问题开刀。当时汉朝皇帝给单于的书信都是写在一尺一寸长的简牍上，辞曰“皇帝敬问匈奴大单于无恙”。中行说建议单于，给汉朝的书信使用一尺二寸长的简牍，使用的印信和封泥也都要比汉朝的大，开头的问候语改为“天地所生、日月所置匈奴大单于敬问汉皇帝无恙”，弄一个大名头来压汉朝皇帝。

中行说在代表单于接待汉朝使者时，也千方百计地贬低汉朝。汉朝的使者出言也不谨慎，有人说：“匈奴习俗贱老，不给老人吃好东西。”中行说立刻反驳说：“按汉朝习俗，不是有人出征，长辈就要准备最好的饮食吗？匈奴人以作战为头等大事，所以要将最好的食物留给青年，这样才可以保卫部落，难道这是轻老吗？”汉朝的使者指责匈奴两代夫妻同居一个帐篷之下；父亲死后，儿子把父亲的妻妾收为自己的妻妾；兄弟死了，也都将兄弟的遗孀收来当自己的妻子：没有“冠带之饰，阙庭之礼”。中行说又一一反驳，说：“匈奴是游牧部落，随时转移。人人都练习骑射，习俗简单，君臣简易，一国之政就如同一人之身。父子兄弟死后收娶其妻，是唯恐种姓有失。匈奴再乱，必立宗种。而汉朝虽然号称不娶其父兄之妻，可是亲属的等级越远越疏，直到改变姓氏。现在汉朝礼义败落，上下交相怨望。人人需要努力耕桑以求衣食，修筑城郭以求安全，所以百姓战时不能应战，平时则苦于筑城修建。可叹汉朝这些居住土房子的人，还自以为是、喋喋不休地批评他人，即使头上戴着冠也没什么了不起的！”

中行说还阻止汉朝的使者与单于论说道理，经常把汉朝使者的要求用一句话顶回去：“不用多说，讲清楚送来的缯絮、粮米的质量如何、数量多少就行了。好的匈奴就收下，如果质量不好、数量不足，等到秋天的时候，匈奴就出动骑兵自己去取。”

很多史学家把汉匈和亲局面的最终破坏归罪于中行说。不过这样简单地看问题恐怕是危险的，应该说自冒顿单于开始，匈奴部落正在迅速走向中央集权，中行说的到来，恰好是这个过程中的一个加速因素吧。

匈奴正在迅速走向集权，而汉朝的实力也正在恢复，两大势力隔着一条漫长的边界对峙，互相妥协的局面注定会瓦解，笔墨口舌的争斗终将演变为刀光剑影。

# 积极备战

在汉朝与匈奴双方上层和亲的同时，基层的匈奴游牧部落与汉朝的边郡经常发生小规模的军事冲突。匈奴骑兵小队经常进入汉朝边境，转一圈捞一把就走，汉朝为之头疼不已。

## 可为流涕者

在汉文帝再次与匈奴和亲的第二年，回到长安的贾谊给汉文帝上了《治安策》。其中谈到“天下之势方倒悬”的缘由之一，就是汉朝受匈奴的欺凌。“凡天子者，天下之首”，“蛮夷者，天下之足”，理应首在上，足在下。可是现在匈奴欺侮侵掠汉朝，汉朝还要每年赠送匈奴“金絮采缯”，“足反居上，首顾居下”，这就是“倒悬”而“莫之能解”，真是让人“可为流涕者”。

并且指责汉文帝“不猎猛敌而猎田彘，不搏反寇而搏畜菟”，“德可远施，威可远加，而直数百里外，威令不伸”，这又是一件“可为流涕”的事。

贾谊的观点代表了汉朝新一代成长起来的臣民的想法。汉朝已经强大起来，可是却依旧受制于匈奴，这使很多臣民不满。原来经历过长期战乱、一心想避免战争的功臣贵族集团所坚持的和亲策略，已经在统治集团内部面临挑战。

也就在这一年，另一位年轻人给汉文帝上书，建议对匈奴预作军事准备。这位年轻人也是刚到长安的外地人，名叫晁错，担任汉文帝太子东宫的太子家令。他从议论兵法入手，认为君主最重要的职责是择将，所谓“有必胜之将，无必胜之民”，“君不择将，以其国予敌也”。并且分析匈奴的军事优势在于拥有险恶地形，还拥有马匹优良、骑术精熟、能忍饥渴三大优势；而汉朝的优势在于平原作战，有战车、劲弩长戟、坚甲利刃、军纪严明、步战熟练五大优势。因此他建议汉文帝招募少数民族士兵进行训练，作为与匈奴作战的尖兵。

汉文帝看了晁错的上书，非常高兴，立即亲自回复，表示嘉奖。

## 移民实边的战略

晁错受到鼓舞，又就针对匈奴的战略问题上书。这次晁错谈的仍然是具体问题，他认为中原人不习惯边疆地区的水土气候，秦始皇时只好将罪犯以及贱民发配到边疆地区守卫。匈奴人放牧到汉朝边塞地区，发现漏洞就入侵袭扰，等到汉朝动员中原的军队到边疆，匈奴人早已远走高飞。他建议进行军事性移民，改变边防军由内地服兵役的戍卒轮换的现状，组织移居当地的居民作为边防军。移民要集中居住，“要害之处，通川之道，调立城邑，毋下千家”。由政府先行建设基础设施，招募内地百姓，给予移民免罪、经济资助（衣食农具等）、免除其他徭役等优厚待遇，并且“拜其爵位”，让移民有上等身份。“禄利不厚，不可使久居危难之地”。如匈奴入侵抢掠，能阻止其抢掠的，将被抢的一半财物奖给他，官府出钱赎回被掳的百姓，以此来激励百姓“邑里相救助，赴胡不避死”。政府资助军事性的“徙民实边”，可以“使远方无屯戍之事；塞下之民，父子相保，无系虏之患”。

汉文帝很快就接受了晁错的建议，开始大规模发动向边疆地区的军事化移民。

晁错后来还进一步建议，在移民时政府要有完整的规划，从城池、住房到医疗、坟墓，使“民乐其处而有长居之心”。军事化编制户口，对移民进行日常军备训练，要赏罚分明，尤其要注意当地官吏的选择。

针对自己所分析的汉朝军队机动性不强的特点，晁错还建议汉文帝大力发展骑兵。首先是要大力鼓励民间养马。汉朝一直注重马匹的战略意义，我们今天可以在张家山汉墓出土的竹简所保存的《关津令》里看到，当时规定关中地区成年的马匹一律不得出关。可是汉朝对于鼓励民间养马，缺乏具体的政策激励。于是晁错建议，由朝廷颁布法令，凡是民户能够养马一匹的，政府就“复三人”——免除该户三个人的徭役。这个被称之为“马复令”。

短短的几年时间，汉文帝就将汉朝的边疆政策从原来的消极应付转变为积极备战。各边郡高度军事化，郡守都由军官担任，非但没有财政收入上交的任务，反而还得到中央政府的大力资助。移民不再作为惩罚措施，而是有了政治地位和经济利益的激励。且耕且守的新移民成为边防军的主力，使边郡成为牢固的军事据点，能够应付匈奴的日常袭扰。

## 打打谈谈

汉文帝改变了边疆政策，可是没有办法迅速改变边境的现实状况。实行新移民政策的第三年，匈奴以大举入侵作为回应。前166年，老上单于出动了十四万大军，侵入陕北高原，先锋部队一直到达关中地区，侦察骑兵出没于长安以西的雍、甘泉。匈奴杀死了汉朝的北地都尉（名卬），一把火烧掉了秦朝在陕北地区建造的回中宫，大量掳掠人民畜产。

汉文帝在朝廷会议上表示要御驾亲征，被朝臣百般劝阻。朝廷紧急征调军队，在长安、上郡、北地郡、陇西郡这四个地区集结，形成对陕北高原的匈奴军队的袋形半包围态势。

这四支大军的指挥官很值得探究。最大的集群是长安军，有一千乘战车和十万骑兵，指挥官是中尉周舍和汉文帝从代国带来的老臣郎中令张武。而上郡集群的将军昌侯卢卿、北地集群的将军宁侯魏遬、陇西集群的将军隆虑侯周灶，都是汉高祖的开国功臣。作为总指挥的大将军——东阳侯张相如，也是汉高祖时期的高级官员，因平定陈豨叛乱时力战有功而封侯。前将军成侯董赤，是功臣之子，他的父亲是跟随汉高祖起兵的老臣。显然，到了这个时候，汉朝所依赖的军事力量依然由功臣集团把持。汉文帝能够做到的，只是将中央集群的指挥权把握在自己信得过的人手中。从这个意义上再来看，晁错的首次上书把择将置于首要位置，应该不是泛泛而谈吧。

这四支大军的总兵力史书没有记载，但总数超过匈奴应该是肯定的。可汉军仍然避免与匈奴大规模会战，听凭匈奴饱掠月余后退走，汉朝大军出塞尾追，“送行”一段就收兵了。当时汉朝的经济实力还养不起这些临时征发组编的大军，匈奴退走，集结的野战军也就随之解散了。

## 寻找良将

汉文帝经常和内侍们讨论对待匈奴的战略问题，有一次他感叹说，如果自己有古代李牧那样的良将，何愁匈奴不灭！由此引发了老冯唐的一番议论。汉文帝接受了冯唐的意见，不过仍然积极在汉军士卒中寻找将才。陇西人李广，家族世传射术，以善射著称，在这次战役中屡立战功，因此和堂弟李蔡一起被挑选为汉文帝的侍从——武骑常侍，职位为中郎，官秩八百石。有一次他和汉文帝一起打猎，与猛兽格斗，汉文帝很是欣赏，说：“可惜呀，你真是生不逢时！如果你生在高皇帝的时候，至少可以凭战功当一个万户侯呀！”李广从此成为他将来用以取代功臣集团老将的备用人选之一。

前166年的这次战事，将汉匈关系拉回到战争状态。以后几年里，匈奴每年都入境侵扰，尤其针对汉朝的右翼云中郡、代郡、辽东郡（治今辽宁辽阳）。汉朝基本的战略依然是在内线防御，避免会战。匈奴在长达数千公里的战线上机动出击，汉朝军队应对无力，边境损失惨重。

到了前 162 年，汉文帝不得不再次派遣使节前往匈奴地界，请求恢复和亲。老上单于许诺愿意恢复和亲，派遣了使者当户等二人来汉朝，还赠送给汉文帝两匹骏马。

今天能够看到的史籍记载中，只有汉文帝第二次答复单于的书信。

汉文帝在书信中依旧保持不卑不亢的姿态，开头仍然是“皇帝敬问匈奴大单于无恙”。书信中提到了当户等两位使节来汉朝的事情，并提醒单于，过去汉朝的原则是：“长城以北，引弓之国，受命单于；长城以内，冠带之室，朕亦制之。”现在仍然应该维持两方君主各管一段、互不干涉的状态。汉朝考虑到匈奴处于北方，气候寒冷，所以每年赠送给单于粮食、金帛、丝絮之类的财物。汉文帝在书信中建议双方恢复和亲，不再追究以往毁约的细故。汉朝将释放所有匈奴部落的逃亡人口，希望单于不对这些人治罪。

汉文帝又下达诏令，向民间宣布已与匈奴恢复和亲。以后“匈奴无入塞，汉无出塞”，按照约定，犯这项法令者都要处死。

汉文帝对于匈奴实行和亲妥协的决策似乎总是慢

一拍。在这项新的和约宣布的第二年，老上单于就死了，汉文帝又要面对新的单于。

新上台的军臣单于显然不把与汉朝的和亲放在眼里，他依然很相信中行说。到了前158年，匈奴再次大举入侵，从正北面突破燕山山脉，席卷上郡、云中郡一带，有夹黄河而下关中的态势，长安附近的地方纷纷报警。

汉朝只得再次兴兵，仍然采用机动防御、避免决战的战略，分兵把守要地，在飞狐口（在今河北蔚县东南）、句注山（在今山西代县西北）、北地郡集结大军。同时又在长安集结大军，分别由三位将军指挥，驻扎于长安附近的霸上（在今陕西西安东）、细柳（在今陕西咸阳西南）、棘门（在今陕西咸阳东北）。

汉初开国的功臣到这时基本都已退休，这次汉文帝委派的将军大多是新提拔的。飞狐口集群的指挥者是车骑将军中大夫令免，句注集群的指挥者是原来楚国的丞相苏意，他最信任的将军张武指挥北地集群。长安地区三大集群的情况是：老功臣周勃的儿子周亚夫率军驻扎在细柳，宗正刘礼指挥霸上军，仅有的开国功臣老将军祝兹侯徐厉指挥棘门军。

汉文帝还亲自前往长安附近的三个军营劳军。他先来到霸上及棘门军营，御驾长驱直入，将军以下的各级军官全部下马迎送。最后来到细柳军营时，营门紧闭，所有的士兵都全副武装，引弓待发，不准汉文帝的先导车骑入营。先导车骑的官吏们高呼："天子就要驾临！"守卫营门的军门都尉回答说："将军有命令：军中只闻将军之令，不闻天子之诏！"僵持中，汉文帝的车驾到了，依然无法入内。汉文帝只得派出使者拿了代表皇帝权威的符节去向周亚夫说明："确实是皇帝想亲自入营劳军。"周亚夫这才传令打开营门。守门的将士对汉文帝的车驾随从说明："将军有命令，军营中不得快马驱车奔驰。"汉文帝于是约束随从，自己的座驾也缓慢行进。到了中军帐前，周亚夫穿着全副的盔甲，只是拱手致敬，说道："介胄之士不拜皇帝，请以军礼相见。"汉文帝也为之振肃，面容严肃地站在车辆上，将手平放在车前的把手上，这是古代坐车人致敬的礼节，号为"式"。然后让人去向周亚夫致敬说："皇帝敬劳将军。"君臣一本正经地行礼后，劳军结束。

出了军营，随行的群臣都很吃惊，以为汉文帝要发怒了。想不到汉文帝却赞叹道："哎呀，这才是真将军呀！前面的霸上、棘门军营只是儿戏而已，匈奴可以在奇袭中活捉那两个将军。至于周亚夫，匈奴侵犯得了吗？"

一个多月后，匈奴撤退，汉朝大军到边境巡逻后解散。汉文帝拜周亚夫为中尉。这次匈奴入侵，帮助汉文帝择将成功。

# 罪在朕躬

汉文帝是被推上皇位的，和很多得志就猖狂的小人不一样，他在当皇帝的岁月里似乎一直有意无意地保持着一种诚惶诚恐的低姿态。

这一点最明显的表现，是他开创了帝王下罪己诏的先例。

## 首个正式的罪己诏

汉文帝即位后第二年（前 178 年）的农历十一月，出现了一次日食，他在日食后很快就向全国臣民发布了一个诏令，这个诏令的意思是这样的：

“朕听说，上天生育人民，为人民设置了君主来养育治理人民。君主如果不德，施行的政治不平衡，上天就会显示出灾祸来警告君主。这次十一月晦日出现了日食，说明灾祸是很大的了。朕获得继承宗庙的大位，以微眇之身获得万民仰仗的君王位置，天下治乱，在朕一人，只有两三个执政的大臣，就好像是朕的手足一样与朕一起分担。朕下不能理育众生，上拖累日、月、星三光的明亮，说明有着巨大的不德。”

以上这一段算是作了一个自我批评，当然顺便也批评了执政大臣：施政的决策是和大臣一起作出的，上天警告也有可能是针对大臣的。下面这一段则是呼吁臣民向他提出批评建议：

“本诏令到达后，请臣民都思考朕的过失，以及朕没有发现、没有考虑到的问题，来告诉朕。并且向朕推荐贤良方正的人和能够直言极谏的人，来帮助朕克服不足之处。”

在这道诏令中，他还要求各级官府务必节省开支来便利人民生活。作为朝廷的举措，他宣布解散自他登基以来为防备政变而设立的卫将军指挥的军队集群，并将朝廷太仆寺多余的马匹补充到驿站。

这是中国历史上第一个正式由皇帝发布的罪己诏。

这个罪己诏确定了后世类似诏书的基本原则：不正常的自然现象是发布罪己诏的适当时机，皇帝应该表示忏悔，并表示要更好地领会、贯彻上天的意思。这份罪己诏中最突出的一点是请求臣民对自己提出批评，来帮助自己更好地领会天意。

另一点值得注意的是，汉文帝公开呼吁，请求臣民推荐人才来帮助自己。联系到他试图亲自掌握政治决策权从而摆脱朝臣把持的做法，这很可能是他借着天灾来达到政治目的手段。

## 朕之不德

首次下达罪己诏后，汉文帝在他的统治期间，把下罪己诏作为一个经常采取的政治措施。

在汉文帝十三年（前 167 年）的夏天，他宣布取消传统的“秘祝”。原来皇朝的惯例是，若发生重大的天灾，有可能不利于皇帝，朝廷专门设立的秘祝官就要秘密地向上天祈祷，把或许会降临的危害人身的灾祸转移到大臣身上。汉文帝这次特意为此下诏说：“听说天道是这样的：灾祸由民间怨气引起，福报由于君主有德发生。百官的过错，应该由朕来负责。现在秘祝之官把灾祸让臣下来承担，这不是在彰显我的不德吗？朕非常不赞同。把这个惯例取消了。”

在这一年发生的废除肉刑的大事件中，汉文帝在因为淳于缇萦申诉而下达的诏书里，也有着罪己诏的内容：“现在有黥、劓、斩左右趾三种肉刑，然而犯罪却并不因此而减少，这是什么原因？难道不是因为我的恩德浅薄，而且教化不明吗？我觉得非常惭愧。”

第二年春天，汉文帝又一次下诏，要求负责祭祀神灵的官员在祷词里不要再突出对皇帝的歌颂。他说：

“朕获得祭祀先祖、上苍的机会已经十四年了，朕以不敏不明之人而抚临天下，非常自愧。过去的先王们施舍不求回报，祭祀也不把得到福祐放在心上，尊重贤明的人士，看轻自己的亲戚，先百姓后自己，公正公平之极也。现在我听说主持祭祀的官员在祝祷时都请求上苍将福祐归到我一人身上，而不是为了百姓，朕非常惭愧。朕如此不德，还要独自享受福祐，反而是在加重我的不德。从今以后，主持祭祀的官员在致敬祝祷时，不可以再这样。”

前 163 年，汉文帝又一次下罪己诏书：

“最近几年没有获得丰收，各地又有水旱疾疫之灾，朕非常忧愁，因为愚昧不明，没有找到其中的原因。难道是朕的施政有所失误、行为有过错吗？是因为这样才导致天道有所不顺、地利也得不到、人事多失和、鬼神也没有享受到祭祀的供品吗？究竟是为什么？难道是百官的奉养费用过多、有很多政务是无用之事吗？为什么百姓食物匮乏？而且耕地没有减少，人口也没有增加多少，按照人口与土地的比例，比古代还有余，可是食品不够，是什么原因？难道是百姓经营的非农事项太多、太多的粮食被酿造成酒水、六畜养育过多吗？详细的原因，我没有能够想出来，要求和丞相、列侯、二千石以上的高级官员、博士一起讨论。有可以帮助百姓的，能够有长远考虑的，不要有所隐讳。”

一年后，因为要和匈奴恢复和亲，汉文帝下诏书向臣民说明，其中也一样有罪己的内容。诏书说：

“因为朕的不明智，不能使德教感化远方的国家。四方边远地区的民众不安其生计，内地的百姓辛劳不已，这两者的原因，都是源自朕的德薄而不能远达。多年来，匈奴侵掠边境，杀死很多的吏民，而边疆的官吏又不能体会我的用心，更加重我的不德。这样长期战乱，中外之国如何能够安宁？朕夙兴夜寐，勤劳天下，忧苦万民，为之寝食难安，没有一天不记挂。所以多次派遣使者向单于说明朕的意思。现在单于考虑恢复过去的做法，考虑到社稷安宁和百姓的便利、万民的利益，亲自与朕一起捐弃前嫌，重新结兄弟之义，以保全天下无数的人民。和亲已定，始于今年。”

这个诏书涉及具体的政治事务，汉文帝的语气和过去的罪己诏显然有所区别。他没有检讨自己的决策是否有误，而是把事情的责任归于不能感化他人，以及边疆的官吏没有能够体会他的用心。

汉文帝的罪己诏一般来说都有这样一个特点：主要表示要承担无法在现实世界被追究的责任，至于自己的决策失误，他不会在诏书中表示愿意承担责任。

## 一场拙劣的骗局

汉文帝有几次明显的决策失误，但他从来没有检讨过，也没有公开罪己。

比如上文提到过他宠信、放任淮南王，最后导致淮南王死得不明不白。尽管这件事给他造成了极大的负面影响，他也知道民间为此在责怪和嘲讽他，但他并没有下一个罪己诏来公开承担责任。

另外一个轰动一时的事件，是他信任了一个骗术并不高明的骗子。

汉文帝十五年（前165年），从赵国地方来了一个术士，名叫新垣平，号称擅长“望气”（通过观察云朵的形象预测事件）。不知怎么搞的，汉文帝亲自接见了这个术士，而且很快就相信了他。新垣平宣称他望见长安的东北方向有“神气”，呈现五彩。汉文帝立即破坏了为减轻人民负担不营建工程的一贯方针，下令在长安东北的渭河之北，修建一座规模很大、用来祭祀五帝的庙宇。庙宇在第二年的农历四月就建成了，汉文帝亲自到此，祭祀五帝。

新垣平又说见到五彩的“神气”还出现在长安的长门道北侧，汉文帝又下令立即在那个地方修建一座五帝庙，宣布自己也将亲自去祭祀。

因为这些“功劳”，新垣平被汉文帝授予了上大夫的官衔，还得到了汉文帝赐予的“累千金”。

新垣平见汉文帝喜欢这一套，又接连向汉文帝鼓吹，说现在已经是太平盛世，皇帝应该去各地巡狩，应该到泰山封禅，向上天报告皇帝已经将地面上的事情治理到了完美的地步。汉文帝果然很受鼓舞，要求朝廷的博士们带领弟子们一起研究具体的方案。

当年秋天，新垣平上朝时对汉文帝宣称，他看见宫门外有“宝玉气”来过。汉文帝派人到宫门探望，果然见到有人远远地跪在宫门外，双手捧着一个美丽的玉杯。玉杯立即被传进大殿，汉文帝仔细端详，上面刻着“人主延寿”四个字。汉文帝将那个献宝人招进宫来，那人说这个玉杯是从地底下挖出来的古物，汉文帝非常高兴。新垣平趁热打铁，又说他望见宫外的“宝玉气”还在，应该还有来献宝玉的。果然在太阳下山前，又有人到宫门外跪地献宝。

汉文帝非常兴奋，觉得这都是上天对他的肯定。大喜之余，他觉得有必要来一个“与民更始”。于是他下令第二年（前 163 年）重新纪元，定名为“元年”。为了表示与民同乐，他又一次下达大酺令，允许民间开怀畅饮、狂欢五日。

新垣平还一心想把事情搞大，第二年他又对汉文帝说：“过去西周的九鼎都淹没在泗水里。现在黄河决口南流，打通了与泗水的通道。臣望见东北方向的汾河之阴有一道笔直的金宝气，看来西周的鼎应该已经漂流到了那里，要出河了。既然已经有了这样的吉兆，若陛下不亲自去迎接，周鼎是不会出现的。”

昏了头的汉文帝居然言听计从，下令要当地立即在汾河边修建庙宇，打算亲自去祭祀，直到周鼎出水。

正在闹哄哄的时候，有人前来揭发，说新垣平是一个大骗子，所有的吉兆、玉杯，都是他预先布置的。汉文帝勃然大怒，立即下令逮捕了那几个献宝人和新垣平。经过审问，新垣平很快就招供认罪。汉文帝盛怒之下，命令将新垣平处以夷三族的极刑。这个刑罚本来在汉文帝即位的那一年就已经被他明令废除了，可从此以后，这项极刑就又恢复为汉朝的法定刑罚。

汉文帝严厉处理了新垣平后，对于改正历法、服色之类的事情丧失了兴趣。那新造好的庙宇，仍然按时祭祀，不过汉文帝本人再也不去了。

这件事情完全是因汉文帝的轻信引起的，突然决定恢复夷三族的酷刑，也完全是他个人的意志。他应该知道这是做错了的，可是他没有就此下诏罪已。

所以抽象认错是比较简单的事，对于不用承担责任的事下个罪己诏也是比较容易的事情，后来的皇帝们更加熟练地使用着这样的手法。

# 遗言遗产

汉文帝一共在位二十三年，在当时已经创造了皇帝在位时间的纪录。秦始皇在位十二年，秦二世在位三年，汉高祖在位十二年，汉惠帝在位七年，吕后执政八年。

前157年的农历六月，汉文帝患上重病。尽管他只刚满四十六周岁，却预感到自己快不行了，开始安排后事。

## 感人的遗言

汉文帝在死以前留下了一份非常感人的遗诏，遗诏的开头部分以谈论人生哲学开始：

“朕听说天下万物只要有生，就没有不死的。死亡这件事是天地之理、物之自然，实在用不着特别哀伤。现在世间的人们，都喜欢生而讨厌死，为了厚葬不惜倾家荡产，为了服满丧期不惜伤害健康，我很不赞同。”

遗诏的以下部分把汉文帝一贯保持的低姿态风格发扬到了极致：

“况且朕既不德，对于百姓没有什么帮助，现在要死了，还要让百姓穿着丧服很长时间，违反寒暑的穿着惯例，使父子悲伤，伤害长幼的志向，减损人们的饮食，断绝对于鬼神的祭祀，那不是在加重我的不德吗?！怎么对得起天下?！

“朕获得奉祀祖先宗庙的机会，以眇眇之身而高居于天下君王之位上，已经二十多年了。全托天地之灵、社稷之福，境内保持了安宁，战事很少。朕既不敏，经常害怕犯错，以至于羞辱了先帝的遗德；时间长了，又怕不能善始善终。现在终于得以终天年，也得以追随高祖。这是对朕之不明的嘉奖，怎么会有什么悲哀的感觉？”

这位细心的皇帝将后事布置得无微不至：

“其令天下吏民：丧事传达后只需要服丧三日，三日后吏民都要脱去丧服。各级官府不得禁止百姓娶妇、嫁女、祭祀神灵、饮酒食肉。从事丧事事务的，都无须穿着给父母服丧的斩衰（不缝衣边的丧服），绖带宽度不要超过三寸，也不要在车辆上和兵器上蒙上白布，不要动员男女百姓到皇宫里来哭丧。宫殿里按礼应该哭丧的，每天白天和傍晚各放声哭上十五声，行礼结束后就停止。禁止宫殿里再按排行礼时间擅自哭丧。下葬后，有关人员穿着大功（粗的熟麻布做的丧服）十五日，换穿小功（较细的熟麻布做的丧服）十四日，再换穿细麻布做的丧服七日，就可以脱去丧服。其他没有在本法令中明确规定的事项，比照本法令办理丧事。布告天下，使臣民都知晓朕的意思。霸陵山川都要保留原样，不要更改。夫人以下直至最低的少使称号的嫔妃（当时皇帝的嫔妃分为夫人、美人、良人、八子、七子、长使、少使七个等级）全部放回娘家。”

汉文帝还另外命令，中尉周亚夫为车骑将军，负责指挥出丧的队伍；典属国（管理降顺的外族事务的大臣）徐悍为将屯将军，负责指挥附近各地驻军；他最信任的郎中令张武为复土将军，担任安葬棺柩的总指挥，并给陵墓复土封存。汉文帝还明确规定，出丧动用的总人力为三万一千人，其中长安附近的属县征发一万六千人，关中地区的其他县征发一万五千人。

这些丧事的细致安排，突出的都是节哀与节俭，防止大办丧事导致民力匮乏。

在两千多年前，一个专制君主居然能够这样清醒、冷静地为自己来个盖棺定论，实在是太难得了。这究竟是汉文帝高尚人格的体现，还是他政治智慧的最后表演？他评价自己这样低调，究竟仅仅是作个姿态，还是出于真诚？

## 尊为楷模

汉文帝在活着的时候，在诏书中讲到自己时总是说“不德”“德薄”，可是当时的人们并不这样认为，尤其是他的继承人太子刘启不这样认为。

汉文帝死后的第六天，群臣讨论决定给他一个尊号，即“孝文皇帝”。太子也在这一天到了汉高祖的宗庙，宣布即位。

刘启当了四个月的皇帝后，决定给父亲一个明确的历史地位。他下诏给御史说：

“听说远古的时候‘祖’是对有功的祖先的尊称，‘宗’是对有德的祖先的尊称，制定的礼乐也各有不同。听说歌是赞扬德的，舞是表彰功的。高皇帝太庙举行祭祀仪式，要奏《武德》的乐曲，表演《文始》《五行》的舞蹈；惠皇帝的神庙举行祭祀仪式，表演的是《文始》《五行》之舞。而孝文皇帝驾临天下以来，打通关卡，远方都成一家。废除诽谤罪名，革去肉刑酷刑。赏赐乡间长老，收恤民间孤独，以养育众生。减除嗜欲，不受诸侯贡献，不谋个人私利。处罚罪人不连累其家属，不杀无辜的人。废除宫刑，放出宫中的美人，唯恐断绝他人的后代。朕不聪敏，不能知晓全部历史，但孝文皇帝的这些举措都是上古帝王所不及的，而孝文皇帝亲自施行。他德厚侔天地，利泽施四海，没有谁不获得恩惠的。他的英明就如同日月一般，但是祭祀仪式的舞乐却不相称。朕很是忧虑。请为孝文皇帝庙祭祀仪式配置《昭德》之舞，以彰明厚德。并且将祖宗的功德著于竹帛，施于万世，朕甚嘉之。请与丞相、列侯、中二千石、礼官详细讨论礼仪，上奏报告。”

既然皇帝明确表态，丞相申屠嘉便带领群臣以这个诏书为原则，制定了具体的礼仪制度：

“陛下永思孝道，立《昭德》之舞以明孝文皇帝之盛德。这是臣申屠嘉等因愚昧所不及的。臣等谨议：功莫大于高皇帝，德莫盛于孝文皇帝，因此高皇帝庙宜为帝者‘太祖’之庙，孝文皇帝庙宜为帝者‘太宗’之庙。以后的天子应世世代代在祖、宗之庙举行献祭的典礼。各个郡国、诸侯也应该为孝文皇帝立‘太宗’之庙，诸侯王、列侯每年要向朝廷的祖、宗之庙贡献祭祀费用，派代表参加仪式。请著之竹帛，宣布天下。”

显然，汉景帝与大臣们根本不接受汉文帝生前再三宣称的“不德”“德薄”的自我评价，相反，他们都认为汉文帝最突出的品质就是“有德”“厚德”。

官方正式定调以后，历代的史学家基本上都按照这个路子去评价汉文帝。司马迁在《史记·孝文本纪》的最后有一段话：

“孔子说：‘立国三十年后就可以实现仁政，好人治理国家百年，也可以消除残暴与杀戮。’这话说得太好了！汉朝兴起后，至今距孝文帝去世已经有四十余载，德至盛也。应该庄重地改正服色（改变沿袭秦朝水德、尚黑的传统）、封禅泰山了，只是因为汉文帝的谦让没有实现。”

司马迁已经将对汉文帝的评价提高到盛德了。这大概是因为他在写作《孝文本纪》时投入了太多的个人情感，借以批判他所处的那个今上（汉武帝）时代的恶俗。

后来班固写《汉书·文帝纪》，大概因为是处在儒家德教的方针之下，在最后的赞语里就不再强调汉文帝个人的德，而是强调汉文帝“专务以德化民”，说汉文帝专门以德教育、引导臣民，才拥有了“海内殷富，兴于礼义”的局面。以后司马光在《资治通鉴》里也重复了班固的结论。

那么，汉文帝真是如他的儿子、群臣以及历史学家们所说的那样，是一个真诚的道德实践者抑或是一位伟大的道德灌输者吗？他治理汉朝社会的成就是因为他伟大的道德感召力抑或道德灌输力而得到的吗？个人的道德真的在历史上有这样伟大的作用吗？

## 均衡大师

和古今中外的专制君主相比，汉文帝确实具有过人的人格感召力，有着帝王难得的自我约束的自觉性。不过这应该不是他取得功绩的唯一因素，甚至不是主要的因素。

孔夫子在《春秋》里鼓吹的是一种泛道德史观，将一切推动历史演变的因素都简单地归结为道德水平，强调统治者本身作为道德楷模的强大感召力，以及对臣民施行道德教育的强大影响力。孔夫子之所以突出道德的力量，大概是因为他看到了太多统治者的荒唐行径。他是站在道德立场上对他所处的时代进行大批判，未免把道德的力量夸大了。他以为道德高尚的统治者将像北极星那样吸引臣民环绕在其周围，上层人物君子的高尚道德则会像季风一样，决定下层百姓的取向。他以为只要君主加强对臣民的道德教育，国家就会得到大治。

司马迁撰写《史记》的时候，正是儒家学说开始在政治舞台上卷土重来的时候。而他看到了统治者太多的黑暗面，这促使他更相信道德的力量是无穷的，希望历史的启示与教训能够对当时以及以后的统治者有一定的警示作用，因此他基本的历史观还是儒家那一套。他将几十年前的汉文帝树立为道德的楷模，为汉文帝未能改正服色正朔、封禅泰山表示惋惜，也隐隐有批评今上汉武帝道德水平不足，却一直企图改动服色正朔、封禅泰山的意思。

实际上汉文帝真正了不起的地方，是他能够自觉主动地平衡各个既得利益集团，他是一个均衡大师。

他从政治上认识到了民心的重要性。从第一个诏书开始，“民”就频繁出现在他的文告及命令中。尽管平民并不是一个有发言权、有影响力的集团，但是他通过普遍赐予，以及允许买卖爵位的办法来提升百姓的社会地位，通过革除严刑峻法以及实施轻徭薄赋来给予百姓实惠，使皇帝与百姓之间建立起信任，使百姓成为牵制各大既得利益集团的潜在因素。

汉文帝的上台，是功臣集团与皇族集团妥协，最终由功臣集团主导的结果。汉文帝登基后，并不去破坏这种妥协局面，而是更主动、更自觉地注意平衡各个集团的力量。

这位均衡大师还在政治天平上投入了更重要的砝码，这甚至可以说是汉文帝最重要的政治遗产。

那么，这项遗产究竟是什么呢？

## 政治遗产

汉文帝在政治均衡的天平上投下的最重要的砝码，

就是皇帝本人执掌的朝廷决策权。

汉朝建立以来，在一定程度上呈现出君臣共治的局面。陈平对汉文帝说，丞相的作用在于辅佐皇帝走正路，而不是操持具体政务，这从侧面反映出政治决策权在一定程度上是由丞相、御史大夫及皇帝共同掌握的。

为了防止被功臣集团把持的朝政一边倒，汉文帝在决策体制上大力引进、提拔由皇帝直接控制的宦皇帝、谋士来参与决策。最突出的有袁盎、贾谊、晁错这些非贵族出身，同时也没有朝廷重臣位置的谋士。

同时，汉文帝在原来的宦皇帝与官吏之间进行人员交流，宦皇帝经常被推荐到朝臣集团中担任大臣。像张释之这样从皇帝侍从一路升至九卿的并不少见。结果等到下一任皇帝上台时，这种出身差不多已经被人遗忘了。

皇帝主导的这个小圈子，由于获得了参与决策的权力，成为政治天平中最重要的砝码，很快成长为足以对抗其他政治集团势力的政治力量。

这样的圈子若想令皇帝放心，一般都得由皇太后、皇后的亲戚即外戚来把持。可是在汉文帝的时候，由于功臣集团高度警惕再出现吕氏现象，因此汉文帝只能隐忍不发，甚至只能忍痛逼迫舅舅薄昭自杀，压低小舅子兄弟的官职，来维持均衡格局。

不过既然皇帝周围的圈子已经形成，皇帝依靠自己人而不是丞相等朝臣来行使决策权力的惯例已经出现，那么外戚参政是迟早的事。只要后来的皇位继承人没有汉文帝那样的政治智慧，或者其他的政治集团势力逐渐分化衰败，外戚必将成为最强大的集团。而一旦外戚也成长为皇帝的异己力量，刀光剑影的宫廷政变也就无法避免了。

汉文帝这位均衡大师开创了这个趋势，他没有办法把对于均衡的深刻领悟，以及维持均衡的绝技传授给继承人。

我们没有办法去苛求汉文帝，他做到了他那个时代一个皇帝能够做到的一切，对于他开创的这个趋势，他无法预见，也无法负责。

于是历史继续着一治一乱的轨迹，需要的仍然是一位有政治智慧的继承人。

# 既定方针

汉文帝死了，他的儿子刘启登基为皇帝。

刘启作为皇位继承人，已经有二十二年了。也就是说，和他父亲不一样，他已经有了二十二年为接班皇位作准备的时间。

这么长时间的等待与准备，让这位太子得到了怎样的训练？他通过了怎样的考验？他对于父皇的政策方针有什么看法，继位后会有什么样的修正？

## 太子岁月

汉文帝被推上皇位的时候，他活着的最大的儿子刘启才九岁。汉文帝原来的妻子给他生过四个儿子，但都夭折了。后来的窦氏得到汉文帝宠爱后，很快又给汉文帝生了三个儿子，刘启是老大。

决定立刘启为太子的，有汉文帝的母亲薄太后。她大概是考虑到尽早确立太子，可以建立起完整的皇朝统治形象，避免夜长梦多。因此她在进长安后不久，便马上决定立刘启为太子，并宣布以太子的母亲窦氏为皇后。

立窦皇后，很大程度上也是出于迅速稳定局面的考虑。薄太后知道他的这位皇帝儿子已经不再喜欢窦氏，窦氏又得了眼病，处在半盲的状态，不过立即树立起一个完整的皇帝家族形象是压倒一切的任务。好在她相信她的皇帝儿子大事不糊涂，喜欢女人但绝不至于因此搅乱了朝廷。

刘启的少年时代应该就是跟着他的这位又瞎又倔的妈妈受教育的。和薄太后、汉文帝一样，窦氏喜欢的是黄老之学，给太子以及其他皇子配备的老师，都是以黄老学派为主，但也有法家人物。比如刘启长年的老师张欧，就是一位以“治刑名”出名的功臣贵族之后。后来汉景帝登基后，仍然保持着对这位老师的敬重，将张欧拜为九卿之一。而张欧尽管是法家的门徒，却没有沾染法家刻薄寡恩的习气，据说在朝廷上有忠厚长者的称誉。办理案件的时候，每当要判处死刑，他都非常慎重，实在是确凿无疑的，他才会含泪封闭卷宗，交付执行。

刘启是否受到了这位严谨的法家导师的影响？好

像没有。从小时候闯的一些祸来看，他和谋定而后动的父皇不一样，比如他和小弟弟曾驾车硬闯司马门，再比如他曾扔博具砸死吴国太子。从这些事件来看，刘启的情绪很容易失控。

汉文帝在太子成年后，经常带着太子处理政务，留下了很多嘱托太子的记载。最著名的是汉文帝细柳劳军后，向太子提起周亚夫的军事才能。应该说，汉文帝对于继承人有很多的培训。

汉文帝死后的第七天，群臣拥戴太子刘启即位，并到太庙昭告祖先。又过了三天，刘启才正式加上皇帝的尊号。

登基的时候汉景帝已经是三十一岁、过了而立之年的中年人了，因此没有太后临朝听政的事情发生。但是种种迹象表明，他的母亲窦太后依然对他施政有强大的影响力。作为有二十二年训练经历的太子，他完全接受他父皇的政策方针，当政后一切都按照汉文帝的既定方针办。

## 争取民心

以他的父皇为榜样，汉景帝继续推进争取民心的工程。

他学习父皇一上台就力图给百姓实惠的方针。在他正式当政的这一年（汉景帝元年，前156年）正月里，汉景帝下诏，宣布鉴于近几年的灾荒，规定凡是民间自愿迁徙到土地广阔地区居住的，法律不再禁止。

同样在这一年的春天，他宣布大赦天下，“赐民爵一级”。

以后这成为他当政的惯例。在他在位的十六年间，他一共发布了六次大赦、六次“赐民爵一级”。平均每二十七个月左右就发布一次大赦和给全国百姓提高一级爵位，其中还有两次是专门“赐为父后者（继承父亲爵位的嫡长子）爵一级”。换言之，如果一位百姓能够平安度过这十六年的话，他的爵位就会达到第六等的官大夫，可以合法占有七百亩耕地，以及七块三十步见方的宅地。

当然和他父皇相比，汉景帝运用这个手法太频繁了点。汉景帝这样做的原因很可能是当时社会上对于爵位已经不再重视，而这样频繁地赐爵，使得在他以后，爵位彻底失去了社会等级的意义。当人人都有爵位时，爵位也就没有了意义。另外，如此频繁的大赦，很容易使国家的法律逐渐失去威慑力。

在正式当政的那年，汉景帝学着父皇轻徭薄赋、与民休息的做法，下令将田租减半征收，实行“三十税一”。从此以后，汉朝的土地税一直维持这个税率。

不过到了第二年，汉景帝又宣布将汉文帝时期男子满二十三岁服役的法令改回为传统的二十岁服役。

## 进一步的法制改革

另一件汉文帝争取民心的重大事项——法制改革，汉景帝也在继续深化。

就在汉景帝元年（前 156 年），他下诏，认为父皇改革刑罚，将肉刑改为笞刑后，由于笞刑的数目太大，实际效果是“与重罪（死刑）无异，幸而不死，不可为人”，受刑的罪犯不是当场被打死，就是被打成了残疾人。因此他下令：原来的笞五百（代替原来的割鼻的劓刑），减轻为笞三百；原来的笞三百（代替原来毁容的黥刑），减轻为笞二百。

过了十二年（前 145 年），汉景帝再一次改革刑罚，规定笞三百的一律减轻为笞二百，笞二百的一律减轻为笞一百。尤其是他下令制定了执行笞刑的《箠令》，明确规定执行笞刑的竹板的规格：长度不得超过五尺，削平竹节，大头宽一寸，小头宽半寸。笞刑只准打罪人的臀部，不准打背部。行刑时只能一个人行刑到底，中途不得换人。

前 148 年，汉景帝还推行了一次刑罚改革，下令将原来的磔刑改为弃市，禁止磔刑。

在司法制度上，汉景帝则进一步加强中央集权。

汉景帝着力完善已有的法律，正式当政的那一年，他下诏指责当时的一条法律规定：官员接受下属宴饮的要免官，可是如果接受了下属的东西再出卖的，仅以差价按“受所监临”论处。他认为这是轻重失衡，要求廷尉与丞相讨论，重新立法。于是朝廷颁布了新的法律，规定：官员与下属一起宴饮但出了一份费用的，不再被追究为犯罪。但官员如果接受了下属的财物，无论是否倒卖，全部按照接受时的价值按盗赃论处，财物全部没收。赃数较小的，官员也要被判处迁徙刑罚，免除其官员身份。如果是接受曾为下属者的财物的，有爵位的“夺爵为士伍”，免除官职；没有爵位的，处“罚金二斤”。允许民间揭发，揭发者奖励被没收的全部财物。

前 152 年，汉景帝下诏，指责司法不公正的现象：官吏不按照法律办案，而是按照贿赂多少如同做买卖一样在办案，而且“朋党比周”，将苛刻誉为明察，将判处无罪的官员当作失职，导致“有罪者不伏罪，奸法为暴”。他的解决之道是：将汉高祖以来的“狱疑上报”制度进一步强化，只要有人不服罪的，就可以反复上报要求审理。

十年后（前 143 年），汉景帝在正月又就司法问题下诏，要求司法官员处理案件“务先宽”（以宽大为原则），各级司法机构有不能解决的疑案的，都应该逐级上报来解决，即使后来的审理结果与初审不符合，初审法官也不算失职。

单从这些诏令的内容来看，似乎汉景帝在孜孜不倦地为司法的人道化、宽大化而努力。可是看一下这一时期出现的酷吏现象，以及滥用死刑的情况，我们不禁要怀疑汉景帝的真实目的。合理的解释只能是汉景帝借着批判基层司法状况的由头，在尽可能地将案件的决定权集中到中央、朝廷尤其是集中到自己的手里。

## 维持均衡

汉景帝刚上台时，也和他父亲一样，能够注意维持各势力集团的均衡。

汉文帝时期对于功臣集团的尊重，在汉景帝时期依然得以延续。后来的皇帝喜欢一朝天子一朝臣，可是汉景帝登基后，三公九卿的重要官职基本没变。老丞相申屠嘉仍然是丞相，御史大夫开封侯陶青也已经当到第六年了。最重要的官职变化之一是，汉景帝将他当太子的时候为他当家令的“智囊”晁错，提拔为长安的地方长官左内史。其他的九卿位置则还是由功臣世家掌握。

一年多以后，申屠嘉去世，汉景帝照例将御史大夫陶青换到丞相位置。陶青的父亲陶舍当年跟随汉高祖打天下，受封为开封侯，食邑仅两千户。汉高祖时陶青就已经继承了父亲的爵位，到现在当上丞相，他封侯已经四十一年了。

## 坚持重农政策

以父皇为榜样，汉景帝同样鼓吹和推行重农政策。他每年都会去推几下犁，“亲耕籍田”，还会去采几片桑叶。

汉景帝上台的时候各地都有灾荒发生。前147年，他下令禁止民间卖酒，试图节省粮食。中国古代最早的禁酒令是西周初年摄政的周公发布的，西汉已有的法律也明确禁止百姓“无故群饮”。汉景帝想出禁止卖酒的招数，倒还是第一次。三年后，汉景帝认为灾荒已经结束，又宣布允许民间卖酒。以后历代都将禁止民间卖酒作为救济灾荒的传统政策。

为了救灾，汉景帝在前142年还曾禁止内地郡国的民众使用粟米喂马，要求各地严加督查，有违反者，就要没收马匹。这也是具有创造性的举措。

汉景帝还曾多次下诏要求各地劝农。比如前142年，汉景帝在诏书中指责“雕文刻镂”的手工艺是伤害农事的，“锦绣纂组”的精细织物是伤害妇女的女红

（家庭手工）的。伤害了农事就会发生饥荒，伤害了女红就会使人受寒。一旦“饥寒并至”，还有人能够幸免于难吗？汉景帝顺便在诏令中表扬了一下自己，说自己“亲耕”“亲桑”，就是为天下做榜样。自己还不接受地方官府的贡献，减少宫廷费用，节省征发百姓的徭役和赋税，就是为了要“天下务农蚕”。民间有积蓄，可以防御灾害，不会有以强凌弱、以众暴寡的事情发生，使得老有所养，幼孤都有成长的机会。可是最近几年灾荒仍有发生，是因为什么呢？就是因为地方官吏“货赂为市，渔夺百姓，侵牟万民”。现在要求各级地方官吏都要好好尽职，丞相要向自己报告失职的、搅乱政事的二千石官员，将他们按法处治。

在这个明确要求布告天下的诏令中，汉景帝表现出的不是他父皇那种惯常的谦恭姿态，倒很有点自我表扬的意思，顺便把责任全部推到下级官府。

在他去世那一年（前141年）的正月，汉景帝又下诏，宣布“农，天下之本也”，而黄金、珠玉，都是“饥不可食，寒不可衣”的奢侈品，只能作为财富的象征。现在经常出现灾荒，就是因为去经营这两种奢侈品的人太多了。于是汉景帝下达命令，各地郡国官府都必须劝告百姓从事农桑、多种树，告诫百姓只有这样才有衣食可得。如果有官吏征发百姓，或者雇用民工去开采黄金、珠玉的，都要“坐赃为盗”。二千石长官知情的，也同样处罚。

## 继续和亲

前158年，匈奴大举入侵。汉景帝上台后的第二年（前156年），汉景帝派遣御史大夫陶青率高规格的使团去匈奴和亲。这次谈判的具体条件是什么？付出了怎样的代价才与匈奴达成妥协？史书里一概都没有提及。史书里只是记载，到了前152年，汉朝又一次遣公主出嫁匈奴。同时开放了关市，与匈奴开展边境贸易。还“给遗匈奴”，这应该就是给岁币的意思，不过具体数目却没有记载。

不过这次和亲的效果极其显著：在以后的十多年里，匈奴没有大举入侵，即使西汉发生了内战，赵王刘遂派使者请匈奴来帮忙，匈奴也没有像过去那样趁火打劫。双方只有小规模的边境冲突。

没有实力，和亲终究还是不牢靠，到了汉景帝统治的后期，匈奴又开始了频繁入侵。前144年，汉景帝派遣陶青和亲谈判的十四年后，匈奴又一次大举入侵，侵入到今天的陕北高原，将汉朝在当地放牧的马匹囊括而去。前142年，匈奴又大举进攻雁门郡，郡守冯敬战死，汉朝边防将士战死两千多人。

值得注意的是，汉景帝对于匈奴后来的背盟入侵好像没有准备什么措施，也没有紧急动员大军进行驱赶，似乎任由匈奴来去。

那么，汉朝的大军都在干什么？汉朝的军事部署重点难道并不是针对匈奴？难道是因为汉景帝并不具备他父亲那样的军事统御能力？

# 定策削藩

汉景帝登基后真正的头等要务，是要缓解皇族内部的利益冲突。这是他的父亲留给他的一笔政治负资产。

汉文帝上台后，曾一度加强刘姓皇族势力，试图以此压抑功臣集团的势力。皇族集团因此在汉文帝统治期间迅速膨胀起来，成为一个庞大的利益集团。皇帝虽然名义上是这个集团的总头目，可是当皇帝的利益和几大皇族势力有了不同指向时，矛盾就会迅速激化。到了汉文帝晚年，皇族诸侯的离心倾向已经非常明显。

## 势力最大的吴王

汉景帝登基后，当时资格最老、国势最强、辈分最高的同姓诸侯王是吴王刘濞。

吴王刘濞是汉高祖的侄子，就是汉高祖刘邦那个居家搞农业是一把好手的二哥刘喜的儿子。当年汉高祖的老爸经常以老二有出息来责骂刘邦，刘邦心里一直不爽。到后来刘邦得了天下，有点要出这个哥哥洋相的意思，把他封为代王，要他去和匈奴对抗。当年匈奴一入侵，刘喜立即逃回洛阳。刘邦不好治他的罪，只好改封他为合阳侯。后来淮南王英布造反，占据了原来楚国的地盘，刘邦起兵平叛。刘喜的大儿子刘濞当时刚满二十岁，比他老爸有胆量得多，主动请求入伍，作为一名骑兵军官，在蕲县（治今安徽宿州南）附近击败了英布的一支部队，和汉高祖的军队会合。平定了英布的叛乱后，汉高祖考虑到东南地区民风“轻悍”，需要一个“壮王”来镇守，自己的儿子年纪还都很小，于是就封刘濞为吴王，掌管障（今长江以南、新安江以北、茅山以西地区，治今浙江安吉西北）、吴（今苏南地区，治今江苏苏州）、会稽（今浙北地区，治今浙江绍兴）三个郡共五十三城。

秦末，由于反秦主力是从楚地兴起的，因此“望气”行业里一直流行东南地区多动乱的说法。刘邦也很受这个说法的影响，已经封了吴王后，又召见刘濞，想要看一下刘濞的面相。一看之后，果然觉得刘濞面有反相，不禁心中暗悔，只好在刘濞上前叩头谢恩时，摸着刘濞的背告诫说："有人说汉朝建立五十年后东南会有动乱，作乱的就是你吗？要牢记天下同姓为一家，绝不要造反！"刘濞连连磕头说："不敢，不敢。"

汉高祖死后，汉惠帝、吕后掌权时期，天下初定，各地的郡国诸侯都忙于巩固自己的封国，招揽移民。刘濞统治下的吴国，有丰富的资源，比如障郡有铜山，辖地有绵长的海岸线可以煮盐。他"招致天下亡命者"，推进本地的铸钱业、煮盐业，社会经济发展很快，不用向百姓征收人头税，就可以实现财政充裕。

## 杀子之怨

汉文帝的时候，吴王派吴太子刘贤进京，朝见汉文帝。汉文帝见自己的太子刘启和刘贤年纪相仿，就让这小哥俩一起游玩。想不到这刘贤也是太子脾气，与刘启一起喝酒、游戏，从不相让。有一次游戏时发生纠纷，刘启顺手拿起博具朝刘贤砸过去。说来真是不巧，正好砸在刘贤脑袋上，鲜血直流。左右抢救不及，刘贤不多久就因伤而死。

自己的儿子被汉朝的太子打死了，吴王当然非常不满。当朝廷派遣人马将刘贤的尸体送回吴国安葬时，吴王竟然声称："天下不是同宗吗？死在了长安就葬在长安吧，为什么要送回来？”又把送丧的队伍赶回长安去安葬刘贤。

这次意外事件激化了朝廷与吴国的矛盾。吴王刘濞从此不愿意进京朝见皇帝，称病不起。朝廷也知道刘濞不高兴的原因，对于吴国来的使者都加以逼问，要对方说明吴王的真实病情。吴王知道后，更是不满，动了造反的念头。

好在汉文帝是个知道分寸的统治者，他并没有逼迫吴王就范的打算。后来汉文帝亲自接见吴王的使者，问起吴王的病情。这使者脑子清楚，索性坦白说：“吴王确实没有生病，只是因为朝廷对吴国的几位使者都逼问不止，吴王感到恐惧，所以称病不敢入朝。谚语说：‘察见渊中鱼，不祥。’只不过因为吴王称病，朝廷就这样逼问连连，非要搞个一清二楚，责备越急，吴王也就越紧张，唯恐被皇上治罪，更没有安全感。这个结只能请皇上来解。”汉文帝是明白人，于是赦免了使者的罪，把所有的吴国使者都打发回去，并向他们宣布，吴王年纪大了，朝廷特意赐予他几杖（当时发给老年人的一种顶端有鸠鸟雕像的手杖，据说可以保佑老人不打嗝，顺利进食），以后他也不用定期到长安来朝见。

吴王刘濞因此怨恨情绪逐渐消解，不再想着造反了。汉文帝允许吴王铸币发行，吴国铸币流通天下。

吴国的经济实力变得更为强盛，不再向百姓征收人头税。凡调用劳动力，吴王都命令按照市场的劳动力价格给予百姓报酬，不再无偿征发，此举大得百姓拥护。每年吴王都会到吴国各地巡视，访问、选拔有才能的人士，赏赐乡间民众钱财，还实行严格的地方保护主义：凡是其他郡国的官吏到吴国来追捕逃亡者的，都一律予以禁止。

吴王刘濞身体很壮实，封王四十年，汉朝经历了汉高祖、汉惠帝、吕太后、汉文帝、汉景帝几朝，而刘濞依旧长期执政，在吴国的名声也很好，统治基础相当稳固。他并不想靠拢朝廷，很可能还想进一步扩大势力范围。而汉景帝决心要加强中央集权，排除一切潜在的对于皇权的威胁，对于吴国的强盛就很担心。再加上曾经亲手害死吴太子刘贤，总觉得吴王要报复自己。于是双方的警戒程度不断提高。

## 心有不甘的诸侯们

吴国以外的另一个大诸侯国是楚国。楚国也是汉高祖时分封的，第一任刘姓国王是汉高祖的小弟弟刘交。

汉高祖有兄弟四人，老大去世很早，老二是第一任代王刘喜，老三是刘邦，老四就是刘交。刘交只是个庄稼汉，没有打过什么仗。汉高祖在褫夺了异姓王楚王韩信的王位后，把这块有三十六个县的地方封给了自己的小弟弟。

刘邦的大哥去世得早，没能够享受到封王的威风，所以刘邦的父亲一直要刘邦分封给大侄子一个王国，刘邦起先一直拖着不办。原来当年大哥去世后，还在当小吏的刘邦经常带一帮小兄弟到守寡的大嫂那里打秋风。时间长了，大嫂心生厌烦，见刘邦带人来了，就在厨房使劲地刮锅底，做出一副羹汤已尽的姿态。刘邦的宾客听懂了这个暗示，就很识相地离开了。刘邦觉得大嫂损了自己的面子，一直很不满意。刘太公催促他给大侄子封爵位，刘邦忍不住了，说："我没有忘记大侄子，只是他妈实在不是个好人。"说归说，他还是封了侄子一个侯爵，叫作羹颉侯——"颉"与"竭"谐音，分明就是报复当年大嫂的羹汤已尽。

被封为楚王的刘交没有什么作为，当了二十三年国王后去世了。他的儿子刘郢继位四年后，也病死了。当汉景帝登基的时候，第三代楚王是汉景帝的再从兄弟刘戊。

晁错削藩策的第一目标是吴王，可是导火索却是这位楚王刘戊点燃的。汉景帝登基的第二年（前155年），汉文帝的母亲、汉景帝的祖母薄太后去世，全国服丧。可是偏偏在服丧期间，到长安朝见、参加丧事的楚王竟然被发现与人通奸，这是一项重罪。汉景帝没有将其治罪，而是将楚国的东海郡（治今山东郯城北）剥离出来，直接归朝廷管辖。

楚王刘戊回到自己的王国后，不思己过，反过来怨恨朝廷，成为不惜以造反来对抗削藩策的一大力量。

另一股准备对抗朝廷的诸侯王势力，则是原来齐王的后代。汉文帝上台后，知道齐王本有称帝的野心，一直对齐王高度警惕。他表面上恢复了齐国原有的疆域，等刘襄死后，第三代齐王刘则上台的时候，汉文帝下令将朱虚侯刘章封为城阳王，割齐国的城阳郡为其王国，又立东牟侯刘兴居为济北王，割齐国的济北郡（治今山东泰安东南）为其王国。前 177 年，济北王刘兴居造反被杀。

前 164 年，汉文帝以齐王刘则死后无子，王国没有了继承人为借口，一下子将齐国分为六个小王国，再加上原来已有的城阳王国，齐国被一分为七。这里的用心，谁都明白，齐王的子孙们自然是记恨在心头。

不过这些对于朝廷的记恨，是否真的足以使藩王们下定决心与汉朝对抗？真的足以使藩王们联合起来发动大规模的叛乱与朝廷拼个你死我活？这些藩王是否真的打算推翻进而取代汉景帝？

从现有的史料来看，好像并没有这样的迹象。

## 雷厉风行的削藩

上面已经提到，汉景帝刚上台时，相当注意维持各势力集团的均衡。不过在拜功臣集团的代表人物陶青为丞相的同时，他顺便将自己最信任的晁错一举提拔为了御史大夫。这完全打破了汉朝建立以来三公的位置由功臣把持的不成文惯例，而且也打破了汉文帝时期培植起来的由皇帝亲信组成的小圈子的内部平衡：晁错在这个圈子里的资历还是很浅的，担任九卿也只有短短的一年多。

晁错对于这样的局面好像没有什么体会，他保持着过去当谋臣时言无不尽的习惯。他当年就提过建议，要削减皇族同姓诸侯国的辖地，当了御史大夫后他立即建议削藩。

晁错向汉景帝建议说："过去高皇帝初定天下，昆弟少，诸子弱，因此大封同姓。长子封齐，有七十余城；庶弟封楚，有四十余城；兄弟之子刘濞封为吴王，有五十余城。仅仅这三个同姓诸侯国的城池几乎就要占到天下的一半了。吴王仅仅因为吴太子意外死亡的过节，就胆敢称病不朝，按照古法是应该处死刑的。文帝不忍心治罪，还赐予他几杖。朝廷对吴王可谓仁至义尽，吴王应该改过自新。可是吴王非但不思悔改，还更加骄横，开铜山铸钱，煮海水为盐，招纳天下的逃亡者，企图作乱。现在削减他的属地他要造反，不削减他的属地他也要造反。只不过削减的话造反快一点，祸害可以小一点；不削减的话造反可能会迟一点，祸害倒会更大些。”

汉景帝对这位心爱的谋士言听计从，开始贯彻削藩的部署。

汉景帝三年（前154年）的冬天，汉景帝借着楚王刘戊上一年为薄太后服丧时期，在长安与人通奸的事由，对楚王进行处罚。先由朝臣出面定其为死罪，然后汉景帝下令赦免，让楚国割出东海郡归朝廷直辖。

同时，又宣布因为吴王未来奔丧，也予以削藩处分，将吴国的障郡、会稽郡割给朝廷直辖。这两个郡一南一北，把留给吴国的吴郡夹在了当中。这样的措施实在太具有挑衅性，只能理解为要逼迫吴王立即造反。

似乎这样严苛的削藩还不够，朝廷在这一年的冬天，还同时宣布削去赵王刘遂的河间郡（治今河北献县东南），理由是两年前赵王曾犯有罪行。

对于原来齐王的后代，朝廷也迅速采取了削藩行动。首先针对的是胶西国，宣布胶西王刘卬擅自出卖爵位的行为“有奸”，削减胶西王国的六个县。

这样雷厉风行的削藩部署之后，汉景帝与他的朝廷是否已经作好了镇压造反的准备呢？是否已经将军事重点转移到东方，准备面对造反的诸侯王了呢？

从后来的情况来看，实际上并非如此。

# 七国之乱

汉景帝上台后决心解决离心倾向日益严重的诸侯王的割据问题，与他的谋臣晁错定下削藩之策，应对诸侯王造反。于是，一场内战迫在眉睫。

## 反叛联盟

正如晁错预料的那样，朝廷的步步紧逼，使得本来就心怀不满的诸侯王们行动起来。

吴王刘濞要行动了。他知道单凭一个王国的力量远远不能和朝廷对抗，因此他需要拉拢其他对朝廷不满的诸侯王，他首先看中的是胶西王刘卬。他听说胶西王为人果敢，喜欢谈论军事，特意派了自己的中大夫应高前往与胶西王联系，而且不带任何文书，完全由使者口头交涉。

应高带给胶西王的口信，就是指责汉景帝偏向奸臣，听信邪说，喜欢小善，胡乱改变法律，侵夺诸侯国土。应高引用俗谚“舐糠及米”(舔米外的糠，会一直舔到里面的米)，说明吴国和胶西国这样的大国，被猜忌得最厉害，恐怕是不得安宁了。应高又为吴王辩护，说吴王因病不能进京朝见二十余年，曾被怀疑，无以自白，现在肩膀歪斜、走路困难，还是不能免除怀疑。正好听说大王因为一些爵位的问题被朝廷削地，我们大王觉得这些过错不足以按削地来处罚。

胶西王说：“确实有这回事，那么你打算如何应对呢？”应高说：“同恶相助，同好相留，同情相成，同欲相趋，同利相死。现在吴王自以为与大王同忧，因此愿意挺身而出为天下除去祸害，这样行吗？”胶西王听了吓了一跳，说：“寡人哪里敢做这样的事？现在皇上逼迫得很急，我最多不过一死而已，怎么能够去反对皇上？”应高说：“御史大夫晁错荧惑天子，侵夺诸侯，蔽忠塞贤，在朝廷引起怨恨，导致诸侯都有背叛之意，做人坏到极点了。现在天上出现彗星，地上发生蝗灾，这是改换世道的征兆，需要有圣人出来拯救苍生。吴王为此打算以讨伐晁错为名，跟随大王，巡逻天下，所指向的军队都会投降，所指向的地方都会被拿下，天下莫敢不服。大王幸而能容许我这样说一句话，吴王率楚王攻略函谷关（在今河南灵宝东北），夺取荥阳敖仓（在今河南荥阳东北）的粮食，抵御汉朝兵。等待大王有幸而临之，这样天下可并，两主分割，不亦可乎？”胶西王果然被说动，同意了这个阴谋。

应高回去报告了吴王，吴王唯恐胶西王会动摇，还秘密访问胶西王，亲自与胶西王敲定结盟。

胶西王的群臣有的听说了这个与吴王订立的盟约，就来劝说胶西王：“诸侯侍奉一个皇帝，是最太平的事。现在大王与吴王结盟，即使成功，也会有两主争斗的事发生，祸患从此开始。况且诸侯之地还不到汉朝设置的郡县的十分之二，反叛不是好主意。”

胶西王不听劝告，又出面派出使者去联系齐国、菑川国、胶东国、济南国、济北国等同出于一宗的诸侯国，都得到了允诺。只是城阳王刘喜的父亲刘章当年消灭吕氏有大功劳，没有动员他参加，打算事成之后给他好处。

## 以“清君侧”为名的叛乱

正好在朝廷削吴国会稽郡、障郡的正式文书下达到吴国的时候，吴王刘濞宣布起兵。这是汉景帝三年（前154年）的正月甲子日。

刘濞发出文告，通告各诸侯王：

“吴王刘濞敬问胶西王、胶东王、菑川王、济南王、赵王、楚王、淮南王、衡山王、庐江王、故长沙王子：请诸位教诲寡人！汉朝有贼臣当道，无功天下，侵夺诸侯地，派官员逮捕侦讯诸侯使者，对诸侯进行侮辱，对于刘氏骨肉没有礼貌，断绝先帝功臣，任凭奸人当政，搅乱天下，欲危社稷。当今皇帝陛下因多病丧失意志，不能看穿他们的阴谋。吴王愿意在各位的帮助下起兵消灭贼臣。”

这段开头的话，是为发起叛乱寻找理由，说明之所以起兵是要清除皇帝周边的奸臣。其中得到通告的这些诸侯王有的并没有参与叛乱。比如文帝时自杀的淮南王刘长的几个儿子，此时的淮南王刘安、衡山王刘勃、庐江王刘赐，根本就没有参与叛乱。而唯一的异姓功臣后代诸侯国国王、长沙王吴回当时刚继位，所以称之为王子，是坚定的朝廷拥护者，也没有参与造反。

下面一段话就是战略部署：

“敝国虽狭，地方三千里；人虽少，精兵可具五十万。寡人与南越交往三十余年，南越王也愿意派兵帮助，又可得兵三十余万。寡人愿跟随诸王。南越和长沙接壤，请长沙王子平定长沙以北，向西进入蜀郡、汉中。请东越王、楚王与淮南三王，与寡人一起西进；请齐地的诸王与赵王平定河间郡、河内郡，或者进军临晋关（在今陕西大荔东），或者与寡人在洛阳会师；燕王、赵王与匈奴单于有约定，燕王北定代国、云中郡，统领匈奴下萧关（在今宁夏固原东南），进军长安，匡正天子，以安高庙。愿诸王努力！”

这段话里大话很多，真话很少。兵员数目都是有所夸张的，这个三路进军的计划也是拍脑袋想出来的，长沙王根本就站在朝廷一边，齐地诸王的进军路线显然不受吴王制约，所谓借匈奴兵更是八字没一撇的事，燕王刘嘉也没有参与。

第三段讲得非常隐讳，谈及事后的安排。首先说到淮南王刘长的三个儿子以及楚王，说他们因为汉文帝、汉景帝的迫害，“或不沐洗十余年，怨入骨髓”，所以如果想要有所表达是可以理解的，但是“寡人未得诸王之意，未敢听”。就是说事成后，是否需要褫夺汉景帝的皇位，还要再商量。

第四段就是许愿了：

“敝国虽贫，寡人节衣食之用，积金钱，修兵革，聚谷食，夜以继日，三十余年矣，凡为此。”他打算拿出吴国聚集的财产来犒赏：“能斩、捕大将者，赐金五千斤，封万户；列将，三千斤，封五千户；裨将，二千斤，封二千户；二千石，千斤，封千户；千石，五百斤，封五百户：皆为列侯。其以军若城邑降者，卒万人，邑万户，如得大将；人户五千，如得列将；

人户三千，如得裨将；人户千，如得二千石。”所有的小吏都可以按照功劳受爵位或赏金，所有的军功都按照汉朝的军法加倍给予。原来有封邑的，只加不减。他请诸王将这个通告向所有的官吏和百姓发布，绝不欺瞒。还夸口说：“寡人金钱在天下者往往而有，非必取于吴，诸王日夜用之弗能尽。”

吴王在自己王国内进行了彻底的兵力动员，他发布文告通令国内说：“寡人已六十二岁，还要亲自指挥；小儿子才十四岁，也要参军。所有年纪比寡人小的、比我小儿子大的男子都必须服役！”这样吴王动员了一支二十万人的大军。

吴王还派遣使者前往闽越、东越等部落进行游说，东越发兵相助。

吴王指挥这支大军渡过淮河，打算和楚王刘戊的军队合兵。

楚王刘戊正预备起兵响应，楚国的丞相张尚、太傅赵夷吾反对，楚王索性把他们杀了。楚王集合军队，与吴军合兵。

胶西王刘印同时起兵，杀死了国内朝廷派来的所有二千石以下官员。他所联系的胶东王刘雄渠、菑川王刘贤、济南王刘辟光、赵王刘遂也都起兵响应。赵王刘遂在杀了赵国的丞相建德、内史王悍后决计起兵。他还真的派遣使者去联系匈奴，可是匈奴并没有及时援助，大概是想等着看最终的结局。

不过原来参与阴谋的齐王刘将闾后悔了，没有起兵。而济北王刘志想按约起兵，可是都城的城墙还没有修整完备，想缓期起兵。不料朝廷派来的济北国郎中令发现了刘志的阴谋，抢先下手劫持了这位济北王，关押在王宫里，断绝其对外联系。济北王刘志失去自由，没有能够参与起兵叛乱。

## 错杀晁错

汉景帝与他的谋臣估计到了削藩会导致诸侯王的叛乱，可是他们显然没有估计到会有这么大的规模，七个诸侯王同时造反。从今天的山东半岛到浙江北部，整个汉朝的东部地区都成为“敌国”。

汉景帝并没有作好充分的军事准备。叛乱的消息传来后，汉景帝想起了父皇的教导，立即重新设置太尉官职，拜周亚夫为太尉，作为军事最高指挥官。并组建起有三十六个将军的部队，交给周亚夫指挥，前往迎击最重要的叛军吴楚联军。

对于位于中原地区的赵国，汉景帝派遣老将曲周侯郦寄率军进击；另一名将功臣栾布率军进攻齐地诸国；窦太后的远房侄子窦婴被拜为大将军，驻守荥阳，监视齐地及赵国叛军的动向。

窦婴受命后还没有出发，就通知了担任过吴国丞相的老臣袁盎。袁盎当时没有了官职，在家闲居，就随窦婴一起进宫。此时汉景帝正和晁错忙着筹划调兵。见了窦婴、袁盎，汉景帝询问有关吴王的情况，并问袁盎："你曾经担任吴国丞相，知道吴国有个叫田禄伯的大臣吗？他的为人如何？现在吴楚造反，你有什么看法？"

袁盎马上回答："这事不足以忧虑，很快就可以解决。"汉景帝很奇怪，说："吴王靠铜山铸钱，煮海水为盐，招诱天下的豪杰，到了满头白发才开始造反。像这样处心积虑，他的计划肯定非常稳妥，否则还会造反吗？你怎么说得他如此无能？"

袁盎回答说："吴国确实有铜盐之利，可是哪里能够吸引到豪杰？即使吴王真的得到豪杰，他们也会劝告吴王干正事，不要造反了。吴国招诱的只是些无赖子弟、亡命之徒、铸钱奸人，所以才会一起造反。"

晁错插嘴道："袁盎的说法很对。"汉景帝追问："那应该怎么办呢？"袁盎说："这涉及机密，请屏退左右。"汉景帝叫旁人退下，只留下了晁错。袁盎说："我所说的，是人臣不应知道的。"晁错只好也退下，悻悻不乐地回避到东厢房里等待。

袁盎说："吴楚两国发出的文书上说了：'高皇帝分封子弟为王，各有封地，现在贼臣晁错擅自诬陷诸侯有过错，削夺封国土地。’所以想要造反，一起西进来杀晁错，恢复故地。现在只要杀了晁错，派遣使者赦免吴楚七国的罪行，恢复封国被削减的封地，就可以兵不血刃地停战。”

汉景帝听了没有答话，沉默了很长时间，叹了口气说：“如果能够这样的话，我不会因为喜欢一个人而对不起天下。”

袁盎说：“臣很愚笨，觉得只能这样办，请皇上从长计议。”

汉景帝真的接受了袁盎的建议，任命袁盎为太常（九卿之一），吴王的侄子刘德侯为宗正（也是九卿之一），让袁盎准备去吴国议和。

十几天后，汉景帝通过中尉召见晁错，把晁错骗来后，直接就把他拉到长安的东市，晁错穿着朝服被执行了腰斩。汉景帝还一不做二不休，索性下令判晁错族刑，把他全家都杀了。

袁盎和刘德侯作为朝廷特使，赶往吴国。不过等他们赶到吴国的时候，正好吴楚联军攻破了梁国的边境壁垒，吴王气焰正高。刘德侯先去见吴王，请吴王迎接皇帝的诏书。吴王知道袁盎来是想说动自己，笑着对刘德侯说：“我已经是东面的皇帝了，还要拜谁？”根本就不愿意接见袁盎。吴王还把袁盎拘留在军营里，要袁盎投降。袁盎见势不妙，半夜里偷偷逃出吴楚军营，连夜步行逃亡，逃到梁国军营，才辗转回到长安。

白杀了个晁错，危机一点没有缓解。

## 缓战速决

吴楚联军动作很快，迅速进军梁国，猛烈攻击。而胶西王刘印很恼火齐王刘将闾临阵退却，集合起胶东、菑川、济南各国的兵马，围攻齐国的都城临菑。赵王刘遂则被朝廷的军队监视，没有办法发起攻势。

汉朝全面动员，但是毕竟几十年没有打仗了，虽然领军的还有几位名将，可中下级军官都是功臣子弟，没有打过仗。朝廷的军官一批批地到长安市场上找商人借高利贷，张罗着买出征的行装。长安的商人们很怀疑这帮纨绔子弟的打仗能力，觉得放出去的债恐怕连本都收不回来，都不愿意放债。只有一个毋盐氏，照旧放贷，只是要求利息翻倍。

汉景帝惊慌失措到把自己的“智囊”胡乱处死，奇怪的是，朝廷军队的总指挥周亚夫倒是信心满满、不慌不忙。受命后他发布命令，以荥阳为朝廷大军的集结地点，自己坐着驿站马车赶往前线。他先到了洛阳，见到了著名的侠客剧孟，很是高兴，说：“七国造反，我乘坐驿车到这里，本来以为洛阳已经很混乱了，不料还很太平。我担忧造反的诸侯们一定会笼络剧孟，而剧孟现在也没有动静。我只要控制荥阳，荥阳以东没有什么可以担心的。”

周亚夫在淮阳建立起幕府（指挥所），征询父亲周勃过去的老门客邓都尉的意见。邓都尉建议说：“吴兵冲劲很足，不能轻易与吴军会战。楚国军队是轻装，不能持久。我提议，不如将我军部署在淮北的昌邑（治今山东巨野南），建立坚固的营垒，暂时不去援救梁国，引诱吴军全力进攻梁国。我大军挖深沟筑高垒，派遣轻装部队去阻断淮河、泗水的河口，堵塞吴军的军粮运道。等到吴军和梁军打到精疲力竭、粮食断绝的时候，我大军一举出击，必定能够打败吴军。”

周亚夫很欣赏这个战略，依计而行。在大军集结后，他并不出战，也不援救梁国，只派了几支轻骑兵深入到吴军后方截断吴军的运输路线。

## 把造反当作买卖

吴王那边，也有高人。汉景帝向袁盎打听的那个吴国大臣田禄伯，开始时被吴王任命为大将军。田禄伯向吴王建议：“吴地向中原进发难以出奇兵。不如我带五万人，沿淮南西进，击破淮南国、长沙国，从武关（在今陕西丹凤东南）向长安进发，与大王在长安会师。”吴王征求太子的意见，太子说：“大王是在造反，不能把军队借人使用。万一借用者起兵反对大王怎么办？而且分兵的利害不可预知，徒然自损而已。”吴王听了，果然不允许田禄伯分兵。

吴国还有一个姓桓的少年将军，建议说：“吴国多步兵，步兵在山地有利；汉朝多车骑，车骑在平地有利。建议大王起兵后不要攻城，绕过城池直冲洛阳，占据了洛阳的武库，拥有了敖仓的粮食，切断东部诸侯与朝廷的联系，即使不入函谷关，天下也已经定了。如果大王攻城略地，延缓进军，等到汉军车骑赶到梁国、楚国一带的平原，就危险了。”吴王征求老将们的意见，老将们却都说：“这是年少意气用事，哪里有什么远见？”于是吴王没有采用桓将军的计策。

造反本来就是一种政治冒险，要想成功只能在军事上也冒险，对朝廷进行破釜沉舟式的突击，打垮朝廷武力镇压的意志。可是吴王却把造反当作了买卖，走的是稳妥经营的路子，失败就不可避免了。

吴王刘濞接受了太子的劝谏，自命为统帅，还没有渡过淮河，就已经把所有的宾客都封了个遍。有一个叫周丘的，是从下邳（治今江苏睢宁北）逃亡到吴国的盲流，有酗酒的毛病，吴王刘濞这次就没有委任他当军官。周丘来拜见吴王，请求给他一根吴王的符节，表示必定有所回报。刘濞觉得反正他要求不多，没有当真，就给了周丘一根符节。想不到周丘带了几个死党，靠着符节，乘驿站的车赶回家乡。周丘几人到城下时已是半夜，他们进入传舍（驿站），召县令来相见。县令不知就里，以为是朝廷派来的使节，便出城相见，谁知一进门就被砍了脑袋。周丘进了城，说吴王的军队眼看就要到此地，敢有反抗的，吴军就要屠城；有迎接的，就可以保全家室，还有望封侯。那些地方头面人物果然都归顺了吴王。周丘一夜得三万人，组织成军队后，周丘率军进攻城阳，沿路裹挟青壮劳力为士兵，到城阳境内时已有十万兵马，打败了城阳国中尉率领的军队。正打算攻略城阳全境，吴王大军已败。周丘只得带兵回乡，病死在途中，军队也作鸟兽散了。

吴王并不是一位有眼光的战略决策者，他根本没能够利用仅有的一些机会，只是四平八稳地攻城略地。

## 虎头蛇尾的大战

汉景帝的小弟弟梁孝王刘武所封的梁国，虽然只是一郡八县的小王国，可是位处中原战略要地，国都睢阳（治今河南商丘南）是历代兵家必争之地。吴楚联军向长安进军，梁国首当其冲。

梁王竭尽全力为朝廷平叛。可是梁国军队先是在棘壁（在今河南商丘）进行的边境会战中被击败，接着指挥梁国军队的六个将军，又被吴王打败了两个，其余军队只得退守都城睢阳。吴军围攻睢阳，梁王全仗韩安国率军奋战支撑。

梁王几次派人到周亚夫大营求救，周亚夫就是不出兵。梁王又派使节飞报朝廷求救，汉景帝特派使节要周亚夫出兵，周亚夫回答统帅有权便宜行事，还是不出兵。

吴王把大量军队调动到进攻梁国都城的前线，后勤本来就吃紧，再加上粮道被汉军截断，于是才半个多月的时间，军粮就消耗殆尽。

吴军攻城不下，转向周亚夫的大营下邑（治今安徽砀山）求战，周亚夫坚守不出。半夜里军营发生械斗，打斗的士兵在中军帐下闹事，周亚夫照常睡觉，任由当值军官处理。

僵持的战局，突然之间就有了转机。

吴王迫于军粮匮乏，一心要和周亚夫大军会战，希望打败汉军后夺取汉军的军粮，为此只得尝试夜袭汉军大营。

周亚夫半夜里听报吴军偷袭军营的东南角，立刻断定吴军是在声东击西，下令在大营西北角集结兵力。

吴军主力果然全力来进攻，被周亚夫大军候个正着，半夜遭遇，一场混战，吴军溃败。

周亚夫是极其善于判断战场局势的良将。他敏锐地感觉到吴军已走到了绝路，就指挥军队全线出击，穷追猛打，吴军全线崩溃。僵持了近三个月的战局急转直下，汉军从防御一下子转变为追击。

## 可悲的下场

汉军摧枯拉朽般席卷江淮，吴王只带了数千名壮士连夜逃亡，一口气逃过了长江，与东越援军合兵。想不到汉朝已经派人买通了东越的酋长。在吴王藏身的丹徒（治今江苏丹徒），东越军借着吴王检阅军队的时机，杀了吴王，还砍下了吴王的脑袋，送给朝廷。吴王的几个儿子都逃亡到了闽越一带。

楚王在军队溃散后，自杀身亡。

汉景帝得知周亚夫大军获胜，立即发布诏书，传令全军：

“我听说为善者，天报之以福；为非者，天报之以殃。高皇帝为了表彰功德，建立诸侯；孝文皇帝存亡继绝，德配天地，明并日月。吴王刘濞背德反义，招诱天下亡命之徒，混乱天下的货币，称病不朝二十余年，有关部门几次要治罪，孝文皇帝都宽大处理，想要他改过从善。现在竟然和楚王刘戊、赵王刘遂、胶西王刘印、济南王刘辟光、菑川王刘贤、胶东王刘雄渠联合造反，为逆无道，起兵危害宗庙，杀害大臣和朝廷使者，劫持万民，屠杀无罪之人，烧残民居，掘人祖坟，极其暴虐。尤其是刘印等还大逆不道，烧毁宗庙，破坏祖先御用物品，朕非常痛恨！朕换了素服，不在正殿办公，请将军劝告士大夫，勇猛平叛，以深入多杀为功，俘获的叛军官吏在三百石以上者，全部处死，以相当于战场斩首记功，不要有所宽大。敢有议论本诏书以及没有按诏书行事的，全部处以腰斩！”

诏书下达后，造反的各诸侯国的官吏基本都被杀了，史载七国被杀的将士官吏有十万之多。

造反的诸侯王更是难逃一死。

胶西、胶东、菑川三个诸侯王围攻了齐国国都临菑三个月。齐王派了路中大夫去长安求救，朝廷又把他派回来嘱咐齐王继续坚守。路中大夫在回来的路上被三国军队逮捕，三个诸侯王要他到临菑城下喊话，告诉城中朝廷已败，投降可以避免屠城。路中大夫表面答应，到了城下却高喊：“朝廷已发兵百万，派太尉周亚夫击破吴楚，正在赶来救齐国，齐国一定要坚守下去！”路中大夫被杀，临菑城固守待援。不久栾布等率援军赶到，三国撤军。后来朝廷听说齐王是参与了造反密谋的，有谣言说汉军将进攻齐国，齐王吓坏了，只好自杀。

胶西王刘卬是这次造反的首谋之一，知道罪责难逃。他睡草席，喝白水，光脚步行，并向母亲谢罪，然后到汉朝军营投降。起先他还想蒙混过关，向汉军统帅弓高侯韩颓当解释说："这次造反的起因是晁错变更高皇帝的法令，侵夺诸侯地。刘卬等以为不义，恐其败乱天下。七国发兵，主要是为了杀晁错。现在听说晁错已被杀了，刘卬等因此罢兵而归。"

这位弓高侯原来是汉初叛投匈奴的韩王信的儿子，汉文帝十六年（前164年）由匈奴归顺汉朝，受封为侯。他回答得很干脆："大王如果知道晁错是奸臣，为什么不早揭发？为什么没有朝廷发兵的虎符就擅自出兵围攻支持朝廷的齐国？以此来看，你的目的根本不在杀晁错吧？"弓高侯向刘卬宣读完汉景帝的诏书后，说："大王自己考虑。"刘卬只好自杀，他的老母亲、儿子也都自杀了。

济南王刘辟光、菑川王刘贤、胶东王刘雄渠在军队瓦解后，也都纷纷自杀。

死在最后的是赵王刘遂。他在出击失利后，退回都城邯郸坚守，希望匈奴能够出兵，想不到匈奴坐山观虎斗。汉朝大将郦寄围城十个月之久，邯郸终于被攻克，赵王刘遂自杀。

在七国之乱基本被平定三个月后，汉景帝才下宽大之诏：“过去吴王刘濞等人为逆，起兵相胁，连累吏民不得已被胁从。现在刘濞等已被消灭，所有吏民因此获罪的，以及从军逃亡的，全部赦免，不再追究。”

## 苍鹰乳虎

由于刚上台不久就遭遇到皇族集团的反叛，汉景帝对于皇族集团的戒心大大加强。不仅完全放弃了汉文帝一度采取的扶植皇族集团的政策，还倒转过来监视、打击皇族集团，将所有旁系的皇族诸侯都当作潜在的反叛者。另外，汉景帝也继承了汉文帝分化打击功臣集团的既定方针。而汉朝建立后逐渐成长起来的职业官僚集团，到了汉景帝时代已经成了最大的利益集团，汉景帝也试图以分化打击的办法来防止这个集团因过度扩张势力威胁到皇权。

然而，汉景帝缺乏汉文帝的政治才智，没有那种外松内紧的政治手腕。在打击既得利益集团的过程中，他往往只是简单地采取非常手段镇压。为此，他需要一批敢于采用非常手段、不怕得罪权贵集团的酷吏。

## 适时而生的酷吏

汉景帝时期最出名的酷吏是郅都。

郅都是杨县（治今山西洪洞东南）人，他从做皇帝的侍郎起家，景帝登基后提拔他为统领皇帝侍从的中郎将。

有一次郅都和汉景帝一起到上林苑打猎，汉景帝宠爱的贾姬一时内急，到茅厕解手，正好这时过来了一头野猪，朝着茅厕过去了。汉景帝目视郅都，要郅都去救，可是郅都并不动身，只是警惕地护卫景帝。景帝急了，想亲自拿武器救贾姬，郅都立即上前阻拦，说："丧失一个妃子，立刻就可以再招进一个妃子，天下哪里还少妃子？陛下要是轻易冒险，怎么对得起祖宗和太后？"汉景帝被迫退后。好在贾姬没有惊慌，那野猪也没有发现贾姬，自己走开了。

这件事情让汉景帝的母亲窦太后知道了，她非常高兴，认为郅都是真正忠于汉皇室整体利益的忠臣，宣布赏赐郅都黄金一百斤。

汉景帝也没有因此怪罪郅都，反而更加重视他的意见。郅都因此经常敢于直接向皇帝进言，看见大臣有犯错的，当面就予以批评。

郅都为人有武勇又有气节，当官后公正廉明，私人投递给他的书信，他从来不开封就发回去。即使是年节慰问，他也绝不收受任何礼物，有人来打招呼的，他一律都不予理睬。他经常说："既然已经离开父母出来做官，就应当在官职上奉职死节，再也顾不得妻子儿女了。"所以他这个"酷吏"的头衔，是说他的严厉达到了严酷、不近人情的地步，并不是一般意义上的残酷的意思。

## 以搏击豪强为己任的法官

当时在济南有一个拥有三百多户人家的豪强家族瞯氏，称霸一方，历任地方长官都拿他们没有办法。汉景帝想起郅都果敢能干，就拜他为济南郡郡守。郅都到了济南，调查清楚后，果断逮捕瞯氏家族的首恶，宣布罪状后处死。其他的家族都吓破了胆，没有再敢违法的。郅都当了一年多的济南郡郡守，社会风气大为好转，路不拾遗，附近的十几个郡的郡守都把郅都当成了上级。

京师长安所在地区是个贵族聚居的地方，列侯、皇室贵族势力极大。汉景帝决心整治长安周围地区，就把郅都调回来，担任主管京师地区警卫的中尉。郅都上任后，坚决打击一切违法犯罪行为，无论罪犯有什么后台都秉公处置，毫不留情。他对于贵族权贵也毫不结交巴结。

当时的丞相是条侯周亚夫，是开国元勋周勃的儿子，在景帝登基后不久他率领军队一举平定吴楚七国之乱，大大有功于朝廷，威望极高，大臣见了他都要下跪行礼。可是郅都只是奉行寻常的礼节，见了他拱手作揖而已。朝廷讨论问题，他认为丞相意见有误就当面直接提出。

郅都对于任何案件都是不顾当事人的后台如何，一律按照法律严肃处置，“行法不避贵戚”，列侯宗室见了郅都是侧目而视，称呼他为“苍鹰”。

不过对于民间有气节的游侠，郅都倒是很尊敬。当时关中地区有个著名的侠客，名叫季心，是著名将领季布的弟弟。兄弟俩哥哥以“重诺”出名，弟弟以“好勇”出名。季心平时待人接物很是恭谨，而且“任侠”的名气传遍四方，方圆千里，“士皆争为之死”。季心年轻时曾经为人报仇而杀人，逃亡到吴国，躲在文帝、景帝两朝的重要大臣袁盎家里，后来就与袁盎等人以兄弟相称，壮年时担任了中尉的手下司马。郅都当了中尉后，对这位有名的侠客很尽礼节。

## 难缠的皇帝家事

郅都不带有选择性地一心执法，起到了为汉朝廷镇压势力过于庞大的功臣、贵族集团的作用，但当他被牵涉进皇室贵族的利益旋涡，仍然只顾一心执法，就不可避免地要得罪皇室集团，他的悲剧命运也就不可避免。

汉景帝任用郅都为中尉的同一年（前150年），决心废去太子刘荣。汉景帝一贯的作风就是走极端，在废太子为临江王的同时，将太子的母亲栗姬也打入冷宫，并命令郅都抓捕栗氏家族。郅都秉承一贯严厉执法的原则，穷追不舍，栗氏家族被搞得家破人亡，栗姬也在忧愁中病死。

被废掉的太子被赶到江陵（治今湖北江陵）就国。一年多以后，有人到京城告发，说临江王为了扩建王府侵占了祖庙的院墙。这在当时是亵渎祖先的重罪，于是汉景帝命令临江王到长安受审。到了长安，案子交给了中尉郅都。郅都照例看事不看人，严厉审讯。临江王请求给他刀笔，让他写书信向皇帝解释，郅都不予理睬。临江王惊恐万状，在得到其他人偷偷送来的刀笔后，他给皇帝老爸写了封绝命书，就上吊自杀了。

奇怪的是，在这场宫廷内争中，栗姬以及被废的太子刘荣都是窦太后所喜欢的。这位老妇人不愿意和皇帝儿子闹翻，却迁怒于郅都，认为郅都是罪魁祸首。于是她就布置人以重罪罪名诬陷郅都，郅都因此被罢官回家。

可汉景帝依然欣赏郅都的能力。不久匈奴大举入侵，汉景帝想起这位文武双全的大臣，便派使者拿了符节到郅都家去，任命他为雁门郡郡守。要他不用回京师请命，立刻赶到雁门去任职，并得以便宜从事。匈奴很早就知道郅都的名声，他一到任，匈奴就引兵退去，直到郅都死都不近雁门。匈奴甚至还把郅都的形象做成箭靶，让骑兵练习射箭，据说很神奇的是，没有一个人能射中这个靶子。

匈奴首领派出间谍到关中地区散布谣言，说郅都要盘踞雁门郡造反。窦太后竟然以此为借口，强迫汉景帝逮捕郅都，要处他以死罪。汉景帝觉得为了宫廷矛盾牺牲这样一位能干的忠臣不值得，就劝母亲说："郅都是个忠臣，杀了太可惜了。"可窦太后不听，郅都就这样被砍了脑袋。

中国古代有很多法官也是这样严格执法、不畏权贵，但往往被皇帝当成推行某项政策的政治工具，一旦没有了政治需要，或者触犯到皇室利益，就会被牺牲掉。

## 前仆后继

郅都被冤杀，并不影响汉景帝的既定方针。他继续将原来是卫戍区指挥官的中尉当作他整肃京师地区贵族豪强势力的机构，继续任用一些强悍的官员来对付豪强势力。郅都死后，接替他的人是宁成。

宁成是南阳人，也是出身于皇帝的侍郎，得到汉景帝的赏识后，先担任谒者，后来被派到朝廷任官。他也是个敢作敢为的人，敢于顶撞顶头上司，而一旦自己当了上司，对待下属就异常苛刻，作威作福。后来他担任了济南都尉（郡尉），他的顶头上司济南郡守正是郅都。

过去这个郡的郡尉参见郅都，都是下马步行到郡守府第，就如同县令来汇报工作一样。宁成到任后，骑马到郡守府第前才下马，并直接走进去，和郅都平礼参见。郅都见他如此有胆量，倒也不生气，二人的关系反而很好。

郅都死后，长安地区的宗室皇族子弟额手称庆，气焰复起，不把法律放在眼里。汉景帝想起了宁成，把宁成调来继任中尉一职，重新贯彻郅都严苛的治理方针。宁成也毫不手软，严厉处治犯罪的权贵，使得宗室豪强“人人惴恐”。不过宁成没有郅都那般廉洁，到了他手里，酷吏的严酷就成了一种有选择的残酷。

一直到汉景帝去世，宁成都占据着这个重要位置。汉景帝死后，汉武帝依旧任用宁成，将他升任为内史，这是管辖整个京师的官职，后来改称京兆尹，位列九卿。可不久宁成与外戚发生冲突，被人告发，下狱治罪，判处髡钳城旦舂。当时的人爱面子，九卿级别的官员被判定有罪的，都不愿意接受刑罚的污辱，而是选择自杀。宁成受到如此重的刑罚（仅次于死刑的最重的苦役刑），也不服罪，居然越狱逃走，拿了假证件逃出函谷关，回到了南阳老家。

宁成回家后，宣称：“做官级别不到二千石官阶，做买卖没有一千万资产，还可以和人比吗？”他巧取豪夺，空手套白狼，“收购”了千余顷的山田，然后出租给没有土地的贫民耕种，役使了数千户农民，自己坐收地租。数年后，正好朝廷发布大赦，他的罪名都被免除了。他凭借财力称霸一方。他掌握了地方官员的把柄，挟持了地方长官。出行时，总是有数十骑的随从，威吓、役使当地的百姓，比地方当局还有威势。

后来汉武帝又把宁成召来做官，要他担任看守函谷关的关都尉。这不过是县级的小官，可宁成照样要显示他的威风，无论多大的官员经过，他都吆五喝六、作威作福。官员们都说，情愿见到母老虎，也不要见到宁成发怒，因此宁成有了“乳虎”的名声。

## 在地下造反

汉景帝时期任用酷吏办理的最典型的案件，就是周亚夫的冤案。

周亚夫是周勃的小儿子，没有能够继承绛侯爵位，汉文帝时担任了河内郡郡守。后来，继承了绛侯爵位的大哥周胜之与公主妻子关系处不好，又犯了杀人罪，被褫夺了侯爵爵位和封地。汉文帝就把周亚夫封为条侯，算是给周勃继后。

说起来凑巧的是，当年周亚夫当河内郡郡守的时候，当地有个叫许负的老妇人给他相面，说："你再过三年会封侯，封侯八年后会当将相，当了将相九年后会饿死。"

第一个预言实现了，第二个预言在平定七国之乱的前后也实现了。周亚夫率军击破叛军主力，威名大震。就任丞相后，在朝廷也是一言九鼎。

汉景帝废太子时，周亚夫坚决劝阻，汉景帝由此疏远了这位丞相。梁王因为当年周亚夫不出兵援救，也经常向窦太后说周亚夫的坏话。

后来汉景帝改立刘彻为太子，将刘彻的母亲立为皇后，窦太后打算封王皇后的兄弟王信为侯爵。汉景帝有点犹豫，说："当年母后的两位兄弟在先帝在世的时候都没有封侯，王信还是不能封侯吧？”窦太后说：“皇帝行事要随潮流，当年窦长君未及封侯就去世了，侯爵是封给了他的儿子彭祖的，我非常恼火。请皇帝立即封王信！”汉景帝推托说：“还是和丞相商量一下吧。”

汉景帝找周亚夫商量，周亚夫表示反对，说：“高皇帝当年有约定：‘非刘氏不得王，非有功不得侯。不如约，天下共击之。’现在王信虽然是皇后的兄弟，但没有功劳就封侯，是违反约定的。”汉景帝默然，不再讨论这事。

后来匈奴有五个头目叛投汉朝，汉景帝打算全部都封侯来奖励。周亚夫又反对，问道：“这些人背主叛投，陛下以封侯奖励，如何激励臣下尽忠？”汉景帝很不高兴，说：“丞相的意见不可用。”便把五人都封为列侯。周亚夫见失去了汉景帝的信任，就称病请辞了。

不久，汉景帝请周亚夫到宫中来吃饭，周亚夫案上有大块的肉，却没有切肉的刀和夹菜的筷子，周亚夫很不高兴，没有先向皇帝请示，直接叫尚席（掌管皇帝宴席的官员）去取筷子。汉景帝看在眼里，笑着问：“这难道还不够君享用吗？”周亚夫只好拿掉头上的冠，给汉景帝叩头请罪。汉景帝起身退席，周亚夫以很急促的小步退出宫殿。汉景帝看着他退出，说：“像这样悻悻然，不是给年轻皇帝服务的臣子的样子！”

几年后，周亚夫的儿子为周亚夫准备墓葬用品，买了工官尚方（生产朝廷用品的手工作坊）的五百套皮甲和盾牌，作为随葬用品。想不到他家的一个雇工因为没有及时领到工资而心怀不满，告密说周家要造反。汉景帝立即下令逮捕了周亚夫。受审时，周亚夫根本就不理睬审判官的讯问。负责此案的官员将情况汇报上去，汉景帝发狠了，大骂道："我不用你这废物！"

汉景帝召来新任命的一位廷尉，要求他严加审讯。廷尉有了汉景帝的暗示，审问时一定要周亚夫承认自己企图谋反。周亚夫只说了一句话："我买的这些都是送葬的器具，怎么可能造反？"廷尉应声斥责："对呀！你即使不是打算在地上造反，也是在准备到地下造反！"这位有"创造力"的廷尉对周亚夫百般凌辱、谩骂，进行逼供。周亚夫不愿意受此侮辱，绝食五日，吐血而亡。

这一年是汉景帝后元元年，即前143年，正好应了当年许负的预言。

## 普及到地方的严酷之风

汉朝建立后，各地的官吏都是由朝廷任命的郡守在当地辟举人才来担任的。各地的政府是由郡守组建的，长期任职的郡守逐渐成为地方势力。汉景帝需要一种制衡这种势力的办法。和任用郅都、宁成的思路一样，他注重在官僚集团里形成一种对抗力量，通过表彰、提拔郅都、宁成这样勇于以下克上、敢作敢为的官员，来分化官僚集团。

司马迁在《史记》里记载了一个叫周阳由的，是典型的地方上的酷吏。周阳是一个新的姓氏，实际上他的父亲姓赵，就是淮南王刘长的舅父赵兼，当年被封为周阳侯。才当了五年的侯爵，赵兼就因为犯罪，侯爵的爵位被褫夺，位于今天山西闻喜县的周阳侯国也被废除。不过赵家还是改姓了周阳。

周阳由由于有国王外戚子弟的身份，被任命为郎，先后担任汉文帝和汉景帝的侍从。汉景帝登基后，把周阳由派到地方上去当郡守。

周阳由在当郡守的时候，在全国所有地方郡守中“最为暴酷骄恣”。他喜欢某人，就歪曲法律的意思，予以放纵；他憎恨某人，也歪曲法律的意思，判处对方死刑甚至族诛。他到了一个地方当郡守，就要把当地的头面人物、豪强恶霸消灭掉。他依靠这样的严酷手段为自己建立起名声，当郡守的时候，把同郡的郡尉当作自己的下级县令那样对待，可是自己受降级处分转过来任郡尉的时候，又总是和郡守对立，侵夺郡守的权力。

直到汉景帝死的时候，周阳由仍然在地方任职。他的最后一任官职是河东都尉，因为和河东郡郡守胜屠公争权，互相告发，两个人都下狱被判罪。胜屠公自杀身死，而周阳由落了个被弃市处死的下场。

# 均势难成

经过两代人的休养生息，汉朝的社会经济在逐渐恢复，各个势力集团也随之重新组合。朝廷政治格局也有了不同的变化，需要最高执政者有很高超的操作能力，才可能实现均衡的局面。汉景帝并不具备他父亲汉文帝那样高超的能力，但总的来说，还是贯彻了他父亲维持均势的基本原则。

由于汉文帝时期皇族势力过分增长，影响到皇朝本身的安全，因此在七国之乱后，皇族势力尤其是旁系皇族，不再被认为是朝廷可靠的支持力量，相反被认为是需要制约的集团。

那么朝廷还可以依靠哪些制衡力量呢？

## 维持元老执政局面

正如前文所说，汉景帝依然延续着对功臣集团的尊重，三公九卿的重要官职基本掌握在他们手里。

老丞相申屠嘉去世后，功臣陶舍之子御史大夫陶青成为丞相。然而汉景帝安排的御史大夫人选，却是晁错，这违背了汉高祖以来三公位置保留给功臣集团代表人物的不成文惯例。袁盎提出的杀晁错以谢天下的馊主意，实际上是功臣集团对这项人事变动的否定。汉景帝连个罪名都不给晁错安上，就轻易对晁错施加族刑，也是以对功臣集团的让步来争取功臣集团的全力支持。

七国之乱后，汉景帝回到依靠功臣集团执政的局面，恢复了他们对朝廷最重要职务的垄断。

杀了晁错后，汉景帝让另一位功臣子弟桃侯刘舍担任御史大夫。刘舍的父亲刘襄原来是项羽家族的分支。刘邦打败项羽后，将愿意归顺的项羽的亲族都收留下来，还给他们改为刘姓。刘襄很早就去世了，刘舍继承爵位。

开封侯陶青死后，汉景帝将太尉周亚夫递补到丞相位置上，和他父皇一样，顺势取消了太尉这个职位。

周亚夫因为力劝汉景帝保留太子而得罪了外戚势

力，在当了五年的丞相后下台了。汉景帝仍然依照惯例，将御史大夫桃侯刘舍转到丞相的位置上，另外选择了汉文帝的近臣卫绾来当御史大夫。这是晁错之后第二个非功臣的御史大夫。

卫绾是代国人，以能够从两面跳上飞驰的马车这一绝技成为汉文帝的侍从，被汉文帝任命为中郎将。卫绾是个极其谨慎的人，汉景帝在做太子的时候，有一次派人叫卫绾表演车技，卫绾称病拒绝。汉文帝死以前，嘱咐太子说："卫绾是个长者，要好好待他。"汉景帝登基后，一年多没有去找卫绾的麻烦，卫绾也照旧勤勤恳恳地履职。后来有一次汉景帝到上林苑打猎，叫了卫绾和他坐一辆车，回来后问卫绾："你知道为什么让你上我的车？"卫绾说："臣是从车士侥幸得以逐渐升迁为中郎将的，我不知道为什么。"汉景帝问："我为太子时叫你，你不肯来，为什么？"卫绾只是说："死罪，那时确实是病了。"汉景帝要赐给他宝剑，卫绾说："先帝已赐臣六把宝剑，不敢再接受。"汉景帝说："宝剑是人们喜欢的东西，总是互相送来送去的，难道你还都保存着？"卫绾从家里取出汉文帝赏赐的宝剑，汉景帝看到都原样封存着，还没有被使用过。

汉景帝很感慨卫绾的谨慎小心。他后来了解到卫绾从不与人争功，自己的功劳也常让给别人，由此觉得卫绾廉洁而忠诚。他将卫绾派到河间，为河间王太傅。七国之乱时，又给卫绾将军头衔，由他统率河间国军队抗击吴楚军队。由于这项功劳，汉景帝先是把卫绾调回来当了中尉，不久又封其为建陵侯。

当汉景帝决定废太子、消灭栗姬家族时，汉景帝把卫绾打发回家休息，换上郅都来干这脏活。等到事情过去，确立了胶东王刘彻为太子，又把卫绾召回来，拜为太子太傅。在刘舍当了丞相后，卫绾顶替了御史大夫的职位。

汉景帝将毫无棱角、极其谨慎的卫绾提上来当御史大夫，显然是为了防止晁错事件再次重演。卫绾不会得罪功臣，也不会得罪皇族，更不会威胁到新的少年天子。五年后，刘舍去世，汉景帝顺理成章地将卫绾任命为丞相，卫绾这一任丞相一直做到为汉景帝送终。想不到汉武帝在登基后，认为汉景帝病重时有很多囚徒无辜死亡，导致冤气蔓延，有损皇帝的阳寿，责任要由丞相来负，就把卫绾撤了职。

后来司马迁总结汉景帝任用的这些丞相，说是自申屠嘉死后，陶青、刘舍、卫绾这些侯爵丞相全都谨慎过了头，本人廉洁守身，可是当丞相只是充数。其实司马迁完全可以设想一下，或许汉景帝根本就不想要这些丞相有所作为，他需要的只是一名传令兵。

## 膨胀起来的外戚集团

为了平衡功臣、皇族、文官等势力集团，皇帝往往试图引进外戚势力。可是外戚又和功臣集团不一样，集团内部没有共同经历和比较一致的利益指向，完全是以家族利益为重。皇后、皇太后各自的外戚之间还有不同的利益。

由于吕后专权的阴影，汉文帝一直压抑外戚集团，唯恐引起帮助自己上台的功臣集团的反对。到了汉景帝时期，功臣集团的势力已大大减弱，第二代、第三代的功臣子弟大多已经失去了社会号召力。而皇族集团的激烈分化迫使汉景帝偏向于引进外戚势力，来维持朝廷政治势力的平衡。

汉景帝初年，窦太后有很大的影响力，窦氏外戚集团迅速崛起，主要的代表人物就是窦太后的堂侄窦婴。

窦婴的父亲是窦太后的堂兄弟，在汉文帝时期窦婴已崭露头角，他喜欢结交，广招宾客。在谨慎的汉文帝看来，未免过于嚣张。窦婴开始担任官职，先是担任了吴国的丞相，后来称病去职。到了汉景帝登基时，窦婴只是个詹事，负责管理皇后、太子的宫中庶务。

窦婴是窦太后的堂侄，此人很有主见。汉景帝没有立太子的时候，有一次酒喝多了，说是将来皇位要传给小弟弟梁孝王刘武，窦太后听了很开心。窦婴却拿了一杯酒上前，说："天下者，高祖天下，父子相传，这是汉朝的定规，皇上怎么可以擅自传位给梁王?!"

窦太后由此憎恨窦婴。窦婴本来也看不起自己的官职，索性又一次称病辞官。窦太后立即把窦婴的门籍（古代悬挂在宫殿门前的记名牌，上书官员的姓名、年龄、身份等）废掉，不许窦婴入朝。

窦婴的这次酒席劝谏，倒使汉景帝对他很放心，知道这位外戚是真正忠实于皇帝的。到了七国之乱爆发时，汉景帝要平叛，主要依靠功臣子弟，为了平衡功臣集团的势力，需要有皇帝的自己人来参与。汉景帝想来想去，觉得只有窦婴最可靠。于是他又把窦婴召来，窦婴依然称病，不愿出山，汉景帝说："天下正在危急时刻，王孙（窦婴的字）难道可以旁观吗?"立即拜窦婴为大将军，赐金千斤。

窦婴与功臣集团有千丝万缕的联系，得到任命后，联系并推荐了赋闲的袁盎、栾布等名将贤士，把汉景帝赐予的黄金都陈列在庭院里，将士经过时，就叫大家随便取用，自己一点都没有拿。后来窦婴亲临第一线，指挥荥阳的守军，监视齐国、赵国军队的动向。

平叛后，汉景帝封周亚夫为条侯，窦婴为魏其侯。一段时间里，朝廷议事，只有这两位能定调。窦婴又有广招门客的名声，社会影响力更大。汉景帝立了太子后，拜窦婴为太子太傅。

好景不长，三年后汉景帝又废了太子，窦婴诤谏多次，都没能动摇汉景帝的决心。窦婴又以老办法抗议，称病不上朝，躲到蓝田（治今陕西蓝田西北）南山去隐居，很多宾客、辩士劝说都没用。后来有个梁国来的宾客高遂劝道："能使将军富贵者，是皇上；能亲近将军者，是太后。将军辅佐太子，太子被废而不能争，争而不能得，又不能以死明志。自己称病隐居，抱着美女，闲居不朝。平心而论，是在有意暴露主上的过错。如果两宫都被激怒，怪罪下来，您连妻子儿女都要保不住了。"

窦婴醒悟过来，恢复了上朝。

桃侯刘舍被免除丞相职位后，窦太后几次向汉景帝建议由魏其侯窦婴继任。汉景帝说："太后难道以为我已经另有所爱，不愿窦婴为相？窦婴这人，沾沾自喜，动辄撂挑子，不能担任丞相。"结果汉景帝任命了建陵侯卫绾为丞相。

汉景帝没有讲到的理由，是还要照顾其他的外戚权贵。汉景帝立了刘彻为太子，刘彻的母亲就成了皇后。这位王皇后的家族也迅速成为另一个强势的外戚集团，代表人物就是武安侯田蚡。

田蚡是王皇后的同母弟，出生在长陵（治今陕西咸阳东北）。窦婴成为大将军后，气焰高涨，而田蚡还只是一名普通的郎。当时田蚡努力巴结窦婴，见面都得像晚辈一样行跪拜礼。可是随着王皇后地位的稳固，田蚡的权势越来越大，官职升到了太中大夫。而且田蚡虽然人长得五短身材、面目丑陋，可是口才好，能写古文字，召集了很多的宾客，他做出礼贤下士的样子，门下人才济济。另外和窦婴跟窦太后闹过点矛盾不一样，田蚡能够得到王皇后的充分信任。到了汉景帝最后一年（前 141 年），田蚡被封为武安侯，他的弟弟田胜被封为周阳侯，他们家族成为最强大的外戚集团。

两个迅速膨胀起来的外戚集团既是皇权的有力支持者，同时也是内部矛盾的制造者。汉景帝死后，这两个集团已经剑拔弩张。

外戚集团说起来似乎完全依附于皇帝，但是任何既得利益集团都有自身的利益，当外戚集团干预朝政，成为政治力量时，就必须依靠社会力量。由于吕后专权曾导致汉初功臣集团与外戚集团发生冲突，新兴的外戚集团不可能和功臣集团勾结，他们需要另外的社会力量。

## 儒道之争的背后

到了汉景帝的时候，儒家与道家冲突的典型事例越来越多。

秦始皇的焚书令下达后，儒家遭遇沉重打击。陈胜吴广起义后，得到很多儒生的支持。楚汉相争时，齐鲁地区的儒学逐渐复兴，到汉高祖时，儒生叔孙通不失时机地为汉朝建立起整套的礼仪制度，设置了儒学的博士，可以招收子弟。这些子弟学成后，逐渐被补充到各级官府，成为文官的主要来源之一，儒生的力量逐渐集结起来。

但是在汉惠帝、吕后统治时期，功臣集团的势力实在太强大，儒生还没有发言权。汉文帝信奉黄老之学，司马迁则认为汉文帝“本好刑名之言”。到了汉景帝上台后，以儒生身份任职的大臣还没有。窦太后也喜好黄老之学，儒学的博士只是朝廷的顾问。

不过，儒生的声音已经开始出现在最高决策层。当时齐国有个叫辕固生的儒生，以研究《诗经》出名，汉景帝时为博士。有一次，他与黄老学派的黄生在汉景帝面前争论汤武革命的问题。汤，就是商朝的开创者成汤，史籍上说他率军推翻了夏朝的暴君桀；武，就是周朝的周武王，他推翻了商朝的暴君纣王。

黄生说："汤、武不是受天命而成为国王，只是弑君而已。"

辕固生反对，说："不是这样的。过去夏桀、商纣暴虐横行，天下之人心都归向成汤、周武王，成汤、周武王响应天下之人心而杀死桀、纣。桀、纣之民不再听从他们的命令，而主动归顺汤、武，汤、武不得已而自立为国王，难道不是受天命吗？"

黄生说："帽子就是再破，还是必定要被戴在头上；鞋子就是再新，也是必定要被踩在脚下。为什么要这样？就是要有上下之分。桀、纣虽然无道，毕竟是国王；汤、武虽然圣明，毕竟是臣下。国王行为有过失，臣下不能够帮助天子改正，反而因为国王的过错起兵杀死国王，自己站到南面而王的位置，难道还不是弑君罪行吗？"

辕固生说："按照你这样的说法，高皇帝代替秦朝即天子之位，也是错误的吗？"

汉景帝见两个人讲得不像话了，说："吃肉不吃马肝，不为不知味；讨论学问时不讨论汤武受命，也不算愚笨。"

传说盛夏时马匹容易渴死，马肝被认为有热毒。因此汉景帝以此暗示，学者不得再讨论这个会涉及汉朝统治合法性以及将来有可能成为犯上作乱理论根据的问题。

这场著名的辩论说明儒生作为平民阶层的代表，已具有相当的发言权。当时在朝廷站稳了脚跟的博士，还有鲁国的徐生，他善于讲解《诗经》的《颂》，在汉文帝时，徐生为礼官大夫。以后很长的一段时间里，汉朝的礼官大夫都是由他的子孙及子弟来担任的。研究《诗经》的另有一位韩生，来自燕国，也在汉文帝时成为博士，汉景帝任命他为常山王刘舜的太傅。研究儒家《春秋》的董仲舒，由广川（治今河北景县西南）入京，汉景帝时也为博士。他讲学时放下帷幕，弟子见不到他的真容，很是神秘，传说曾三年“不观于舍园”。

儒生影响政治的另一个途径，就是依附于外戚集团。窦婴、田蚡两大外戚集团都是儒生的庇护者。司马迁在《史记》中记载，窦婴和田蚡“俱好儒术”，门下收留了很多儒生，在外戚集团参政的同时，儒生也成了外戚集团的谋士。

# 家事难平

在中国古代社会，最大的国事是皇帝的家事，皇帝的家事是最大的国事。汉景帝处理得最吃力的国事，就是他的家事。

## 后宫的那些事

和父亲当年的举措不同，汉景帝在登基四年后，才立了长子刘荣为太子。可是立了三年后，又决心废去太子。

刘荣是汉景帝的妃子栗姬生的，当年汉景帝刘启曾被分封在齐国，在那里结纳了这位栗姬。汉景帝立了长子为太子，却并没有同时将栗姬立为皇后。这其中一个重要原因是这位栗姬得罪了景帝的大姐馆陶长公主刘嫖。

长公主刘嫖是后宫的大管家，景帝的妃子都要讨好她才可以和景帝接触，而且长公主还想把女儿许配给太子来个亲上加亲。而栗姬的占有欲也很强，她希望景帝最宠爱自己。两个女人为了争夺后宫控制权吵吵闹闹，如同民间的一对姑嫂冤家。

长公主为了排挤栗姬，经常向景帝诬告，说栗姬在背后使用巫术来固宠。景帝先是半信半疑，可后来有一次景帝生了病，感觉不好，就向栗姬嘱咐，自己百年后她要好好看待几个已经封了王的皇子。可是栗姬却认为这不吉利，说了一通气话，汉景帝从此便讨厌她了。

长公主一直在汉景帝面前说王夫人的儿子刘彻（就是后来的汉武帝）的好话，汉景帝也挺喜欢这个小儿子。

这个王夫人不是一般的女人。她的母亲是汉初燕王臧荼的孙女，因此得名臧儿。臧儿先嫁给槐里（治今陕西兴平东南）的王仲，生了儿子王信和两个女儿。王仲死后，臧儿改嫁长陵田家，又生了两个儿子田蚡和田胜。

王夫人是臧儿的大女儿，早年出嫁，嫁给了一个姓金的，并生育了一个女儿。她母亲臧儿听一个算命的说，她的两个女儿都是大富大贵的命。臧儿觉得大女儿嫁给姓金的太亏了，就和金家商量要女儿离婚回家。姓金的非常恼火，索性将老婆献进了太子宫。想不到太子刘启倒非常喜欢王氏，王氏很快就为太子生育了三女一男。王氏怀上那男孩时，做梦“日入其怀”，赶紧告诉太子。没过多久，汉文帝去世，太子登基成了皇帝，王夫人也生下了这个男孩，这就是刘彻。

王夫人因为生育了儿子，得以名列皇帝嫔妃的第二等级。只是汉景帝和他老爸一样，是个喜新厌旧的花花公子，王夫人要长时间固宠是不可能的。和栗姬不同，她自己很清楚这一点。她继承了母亲工于心计的性格，很快就发现长公主和栗姬之间的矛盾。她采取的策略是，反栗姬之道而行之。当栗姬因为长公主给汉景帝引进众多美女而吵闹时，她则表示理解，从而获得长公主的好感。

王夫人又推荐了妹妹儿姁入宫，果然也获得汉景帝的宠爱，一连为汉景帝生育了四个儿子。这样，在后宫里，王夫人有了同盟军。

王夫人在从长公主那里知道景帝已经开始讨厌栗姬后，就暗中布置人去游说大臣，要大臣上书建议立栗姬为皇后。有个大臣真的向皇帝说：“‘子以母贵，母以子贵’，今太子母亲无号，宜立为皇后。”景帝发怒说：“这难道是你应当说的话吗?!”在秦汉时有专门的“非所宜言”罪名，景帝于是下令把这个倒霉的拍错了马屁的大臣抓起来处死了。

汉景帝有一个很大的特点，就是“一不做，二不休”，作恶要作绝。他就因为怀疑栗姬指使大臣上疏，连同怀疑太子也是同谋，于是不由分说，下令废太子为临江王，将栗姬打入冷宫，并下令抓捕栗氏家族。

主办这个案件的是中尉郅都，栗氏家族被搞得家破人亡，栗姬的兄弟、亲戚中当了朝廷大臣的全部被杀，栗姬也在忧愁中病死。

## 兄弟情长

汉文帝有四个儿子，窦皇后生的是大儿子汉景帝刘启和二儿子刘武，三儿子刘参和四儿子刘揖都是不知名的妃嫔生的。刘武先是被封为代王，后来又被改封到淮阳为王，汉文帝起家的代国被封给了刘参，但代王刘参后来早于汉文帝去世。

和很多父亲一样，汉文帝最喜欢的是小儿子刘揖，他将刘揖封到了梁国为王，派了自己信任的贾谊去辅佐，想不到刘揖不久就骑马摔死了。

刘启和刘武为同母所出，小哥俩关系一直很好。从当年两人驾车硬闯司马门被张释之阻止的案子就可以知道，这哥俩挺能捣蛋的。

刘武先是被封为淮阳王，后来汉文帝又将他改封到梁国。当时梁国的都城睢阳是南北方的交通枢纽，是要害地点，因此汉文帝将最信任的儿子封在这里。历史上一般称他为梁孝王（刘武谥号），以此来和前一位梁王相区别。

汉景帝继位后，哥俩关系还是很好。有一次梁王刘武来朝见，在后宫与汉景帝饮酒，汉景帝喝多了，说："千秋万岁后传于王。"表示要把皇位传给梁王。梁王当然要推辞，不过心底暗喜。

七国之乱爆发后，梁国首当其冲，遭到吴楚联军的猛烈进攻。边境会战中梁军被杀数万人，梁王只好退守都城，派了韩安国、张羽等为大将军，阻止吴楚联军进一步西进，同时拼命向大哥求救。而指挥朝廷大军的周亚夫坚持既定战略，不及时救援，梁王由此记恨周亚夫。

汉景帝为消除朝廷的不确定因素，在平定吴楚七国之乱后就宣布立长子刘荣为太子。又因为梁王有平叛功劳，将原来山东叛国泰山以南的县份划拨给梁国，梁国有了四十多个大县。窦太后又私下赐给梁王大量的财物，梁王更加骄奢。

梁王在梁国境内开辟了园林东苑，又扩大睢阳城，城周长达七十里。同时增建宫室，造了很多"复道"直接通往宫外。他经常打着皇帝赐予的天子旌旗，带了成千上万的随从出猎，整个仪仗都模仿皇帝队列。还广招四方豪杰，最相信的是齐国人羊胜、公孙诡、邹阳等人。公孙诡是主要的谋士，梁王首次接见他就赏赐千金，任命为中尉，公孙诡外出号之曰“公孙将军”。还有很多文学高才也被招引到梁王门下，比如淮阴（治今江苏淮阴西南）人枚乘、吴人庄忌、蜀人司马相如等等。梁国还大量生产兵器，弩弓长矛有数十万，府库贮存的金钱有好几百万，珠玉宝器比长安城里的还多。

## 继位之谋

汉景帝七年（前 150 年），梁王来长安朝见皇帝。汉景帝派出特使，拿了代表皇帝的符节，以皇帝的乘舆驷马，到函谷关口迎接。按照汉朝的制度，诸侯王朝见皇帝最多只有四次正式的接见，留在长安的时间不得超过二十天。可梁王不愿意回国，上疏请求多留一段时间陪伴太后。于是他就长期在皇宫居住，入宫和汉景帝同辇，出宫和汉景帝同车，一起到上林苑打猎。跟随的梁国大臣也获得出入汉朝宫廷的门籍，享受和汉朝大臣一样的待遇。

就在梁王朝见后一个月，汉景帝决心废去太子，把刘荣改封为临江王。窦太后以为汉景帝已经下定决心要立梁王为接班人了，很高兴。有一次趁着和两兄弟一起饮酒的机会，窦太后说：“我听说‘殷道亲亲，周道尊尊'，意思都是一样的。将来安车大驾，可以委托给梁王。”

汉景帝在座席上直起身子说：“好的。”

喝完酒出了窦太后的宫殿，汉景帝立即召见袁盎等几个“通经术”的大臣，问：“太后讲的话是什么意思？”大臣们都说：“太后的意思不就是要立梁王为太子吗?!”汉景帝还不是很明白，袁盎等人只好解释：“‘殷道亲亲’，就是立弟继位；‘周道尊尊’，就是立儿子继位。殷商崇尚质朴，质朴就仿照上天，亲其所亲，所以立弟。周朝崇尚礼仪，礼仪是模仿大地，‘尊’就是敬，敬其本始，因此要立长子。周朝制度，太子死，立长孙。殷商制度，太子死，立其弟。”

汉景帝又问：“那对于天下来说哪样更好？”大臣们都说：“现在汉朝实行周朝的制度，不得立弟，应当立子。过去春秋时的宋国，宋宣公宣布自己死了以后，不立子而让弟弟继位。结果弟弟死后，宋宣公的儿子与他弟弟的儿子争夺国君之位，弟弟的儿子刺杀了哥哥的儿子，酿成国家祸乱。孔子在《春秋》上说：‘君子大居正，宋之祸宣公为之。’”

汉景帝不愿意当面驳回窦太后的意见，示意大臣们去劝说窦太后。于是袁盎等人又去见太后，袁盎问：“太后说想让梁王继位，梁王去世后，立谁呢？”太后说：“我再立皇帝的儿子。”袁盎等人于是又向窦太后解说了一遍《春秋》上宋宣公的故事，说：“不立儿子继位的话，会发生祸乱，祸乱发生后五世不绝，我们不愿意看到太后因为不忍耐小事情而害了大义。”窦太后还算是个明白人，就劝说梁王归国。

汉景帝从此再也不提此事。梁王很失望，就回王国去了。

## 一场谋杀的纷争

汉景帝的主意是将王夫人所生的儿子胶东王刘彻立为太子。

梁王知道后，非常怨恨袁盎以及当时参与讨论的大臣，就和谋士羊胜、公孙诡等人策划，派遣刺客到长安进行政治暗杀。杀手连续作案，居然连杀了十几个大臣，长安一时人心惶惶。

刺客潜入袁盎家，袁盎被剑逼住不能动弹，问刺客：“我是袁将军，你干吗要杀我，是不是搞错了？”刺客说：“杀的就是你！”之后一剑刺死袁盎。那剑刺得太深，一时拔不出，刺客只能弃剑逃走了。

长安地方当局在袁盎家人报案后，派人来勘查现场，发现那把宝剑是新打磨的，立刻逐个盘查长安城里的“削厉工”。果然有工匠认出宝剑是自己打磨的，并说是梁国一个官员的儿子来委托打磨的。当局以此为线索，在函谷关附近逮捕了几个没有来得及逃走的刺客。

审讯的结果，口供都指向梁王。案件性质接近谋反，窦太后听说了，非常紧张，日夜哭泣不止。汉景帝也很担心这案件收不了场，问公卿大臣，大臣建议派遣懂儒家经术的官吏主持审理案件。汉景帝于是派遣田叔、吕季主前往办案，因为这两人都以“通经术，知大礼”而闻名。

这两人了解了案情后，回长安前，在马厩里把档案卷宗一把火烧掉，空手来向汉景帝汇报。汉景帝问：“案情如何？”两人回答说：“刺客是梁王的手下羊胜、公孙诡派来的。梁王并不知情，只是这几个手下策划了阴谋，请将这些人处以死刑。和梁王没有关系。”

汉景帝高兴了，说：“赶紧去向太后报告。”窦太后听了汇报，也放心了。

汉景帝连续派出专员去梁国，指名要抓公孙诡、羊胜等人。可梁王将两人隐藏在王宫里，使者也没有办法，只好逼迫当地官员。梁国的丞相轩丘豹、内史韩安国都进谏梁王，韩安国的劝谏最为到位。

韩安国见了梁王先是哭泣，说：“主辱臣死。大王因为没有良臣，导致祸事纷纷。现在找不到公孙诡、羊胜，我请大王赐死。”梁王说：“何必如此？”韩安国这才讲道理，说：“大王想想看，您与皇帝亲近的程度是像太上皇和高皇帝，还是像现在的皇帝与他儿子临江王呢？”梁王说：“那都比不上。”韩安国说：“他们两对都是父子关系，可是当年高皇帝说‘提三尺剑取天下者朕也’，没有让太上皇管事，太上皇只是闲居在栎阳（治今陕西临潼东北）。临江王是当今皇帝的大儿子，本来都立为太子了，也就因一言之过，被废为临江王。为什么要这样？就是因为治天下不应该以私乱公。谚语说：‘虽有亲父，安知其不为虎？虽有亲兄，安知其不为狼？’现在大王是诸侯，听信一些坏人的胡言，违犯禁令，阻挠法律。天子只是因为太后的缘故，不忍心按法处置大王。太后现在日夜涕泣，希望大王自行改过，而大王终不觉悟。万一太后宫车晏驾，大王还能依靠谁呢？”

话没说完，梁王也是泣泪数行，感谢韩安国，并说：“我今天就把公孙诡、羊胜交出去。”于是梁王要公孙诡、羊胜自杀，将他们的尸体交出。

## 凄惨结局

案件似乎是了结了，田叔去向汉景帝汇报。汉景帝还是有点不放心，问：“梁王究竟知情不知情？”田叔回答：“确实是有死罪！”汉景帝问：“那么怎么结案？”田叔说：“请陛下不要继续追究梁王的事情。”汉景帝问："为什么？"田叔说："现在不处死梁王，是不执行汉朝的法律；可是要是使梁王伏法，太后就会食不甘味、卧不安席，这就要让陛下更加忧愁了。"在这之前，田叔已经用老办法，销毁了所有涉及梁王的卷宗。汉景帝于是不再追究此案。

梁王也害怕了，赶紧派韩安国到长安，先通过长公主刘嫖找到窦太后，请求窦太后说好话。等到汉景帝的口风有点软了，梁王又请求朝见。到了函谷关，梁王的谋士茅兰劝谏梁王，换乘布车（当时办丧事用的车辆），只带两个骑马的随从，悄悄进长安，躲进长公主的府第。

汉景帝还是派了使者前往迎接，可到了函谷关，却找不到梁王，只有梁王的车队停在关外。使者回报，窦太后大哭大闹，说："皇帝杀了我儿子！"汉景帝最怕老妈发火，原来找梁王算账的愤怒一下子变成了担心。于是梁王这才按照茅兰的计谋，在皇宫前布置了斧锧（古代斩人的刑具，像铡刀），自己趴在上面，做出虔诚请罪的模样。窦太后、汉景帝这才放心，汉景帝赶紧召见小弟弟，两人相见大哭，兄弟俩算是和解了。

不过汉景帝从此再也不和梁王同车辇出入了。

过了三年，梁王又来朝见，还打算多留些时日，汉景帝没有同意，梁王只好悻悻然地回国去了。后来梁王出去打猎，有人献上一头四只脚长在背上的怪牛，梁王见了大吃一惊：脚长到背上，不就是一个反逆之象吗？

梁王回到宫里高烧不止，六天后就病死了。

窦太后最喜欢这个小儿子，梁王也很能做出孝顺的模样，每当听说母亲病了，就“口不能食，居不安寝”，马上表示要在长安侍候窦太后。听说梁王死了，窦太后哭到“极哀”，伤心到吃不下饭，老是唠叨：“皇帝果然杀了我儿子！”汉景帝没了主意，不知道怎么应对老太太的绝食行为。此时长公主刘嫖出了个主意，让汉景帝马上下诏将梁国一分为五，分别封梁孝王的五个儿子为王，梁王的五个女儿也各封一个汤沐邑。汉景帝将这个意见报告给窦太后，窦太后果然高兴了，还为此多吃了一顿饭。

## 重立太子

废了刘荣，又排除了梁王继位的可能性，汉景帝感到必须尽早确定太子，省得夜长梦多。他选择的是王夫人生育的儿子刘彻，并确立王夫人为王皇后。当时刘彻才七岁。

汉景帝和他的嫔妃们一共生了十四个儿子，其中比刘彻年长的有九个。

栗姬生育的是刘荣、刘德、刘阏。既然废了刘荣和栗姬，栗姬另外的两个儿子是不能考虑了。况且废太子的时候，刘德已经封河间王。这是一位喜好儒学的国王，从山东招来不少儒者。后来汉武帝对这位哥哥很有点不放心，在朝见的时候和河间王谈论，问了三十多个题目，河间王都一一应对，侃侃而谈。汉武帝不高兴了，说了句："过去成汤以七十里国土兴国，周文王以百里国土兴国，你也请努力。"刘德知道汉武帝的意思了，回到国内就不再谈论儒学，而是"纵酒听乐"，才得以善终。

刘阏是第一任临江王，在位才两年就病死了。后来刘荣也被封为临江王，又死于非命。

汉景帝的另一个妃子程姬，生育了三个儿子：刘余、刘非、刘端。刘余在汉景帝二年（前 155 年）就被封为淮阳王。在吴楚七国之乱后，改封为鲁王。刘余没有什么突出的才能，从小口吃，不爱说话，但很喜欢修建宫殿园林和养狗跑马。汉景帝根本没有考虑让他做继承人。

刘非则与哥哥刘余不一样，在刘余被封为王的同一年（前 155 年）他被封为汝南王。听说吴楚七国叛乱，才十五岁的刘非就上书请求从军平叛。汉景帝很高兴，赐予他将军印，让他参与平叛。以后改封其为江都王，管辖原来吴国的地界。汉景帝还赐予他天子旌旗，不过也不愿意让他来继承皇位。

刘端是在吴楚七国之乱被平后才被封为胶西王的。刘端为人“贼戾”，是一个同性恋者，名声很差。汉景帝从来就不喜欢这个儿子。

贾夫人也给汉景帝生了两个儿子。大儿子是刘彭祖，在汉景帝二年（前155年）被封为广川王，吴楚七国之乱后改封赵王。刘彭祖是个法律爱好者，喜欢辩论，还喜欢从事官吏事务。汉景帝好像没有考虑过让这个儿子继位，就让这个儿子在赵国为王。

另一个儿子刘胜，在汉景帝三年（前154年）被封为中山王。史称这位国王“乐酒好内”，养了一百二十多个儿子，足足当了四十二年国王。他的墓在20世纪70年代被发掘出来，墓葬极其奢华，尸体上穿着金缕玉衣，保存完好。

汉景帝还有一个年纪比较大的儿子，是唐姬生的刘发。唐姬原来是程姬的侍女，有一次还是太子身份的汉景帝招程姬，程姬恰好来了例假，就把侍女打扮成自己的样子送进寝宫。太子起先也没有发觉，第二天天亮才知道。后来唐姬就此怀孕，生下了儿子，汉景帝特意命名为刘发。程姬要侍女当自己的替身，有欺君之嫌，而唐姬身份卑微，因此汉景帝对她们两个和她们的四个儿子都不喜欢。汉景帝登基后，把刘发封为长沙王，远远地打发了出去。到了汉景帝晚年，刘发有一次和其他的皇子一起朝见父皇，行礼的动作很奇怪，缩手缩脚的，左右的侍者都忍不住笑出声。汉景帝也觉得奇怪，问刘发原因。刘发说："臣国小地狭，不足回旋。"汉景帝听了倒也感动，就将武陵（治今湖南溆浦南）、零陵（治今广西全州西南）、桂阳（治今湖南郴州）三个郡给了刘发的长沙国。

这九个儿子都是年长于刘彻的，但都没有被汉景帝考虑立为太子。主要是因为这些儿子都是在他当太子的时候生育的，当了皇帝后，他有了更多的美女，生了皇帝的儿子，对于原来太子时生育的儿子就不大感兴趣了。再加上王皇后与长公主勾结，后宫的形势完全有利于刘彻。

还有一个因素也值得注意：汉景帝更大的考虑，或许还是他当太子时的几个妃嫔的娘家都没有什么背景，对于汉景帝要扶植外戚集团力量来抵御功臣、皇族等势力集团的既定方针，没有什么帮助。王夫人家庭背景要好一点，特别是王信、田蚡、田胜三个正当年的兄弟，都已经进入到朝臣行列，开始起着越来越大的作用，将是刘彻的重要帮手。

至于王夫人的妹妹儿姁给汉景帝生育的儿子刘越、刘寄、刘乘、刘舜，后来也全都封王，在汉景帝的计划里，这几个小兄弟将成为刘彻的帮手。

# 并非结局

## 有点突然的离世

汉景帝在位十七年，在纪年上却三次改元。第三次改元是在前 143 年，这是他登基后的第十四年。俗话说事不过三，他在这次改元后的第三年（前 141 年）正月甲子日驾崩了。

汉景帝很可能并没有预感到死期将近，尽管他很早就为自己建好了陵墓——阳陵（在陕西咸阳东北），但不像他父亲那样，准备好了一份完整的遗诏。留在史书记载中的，只有一些简短的指示：

赐给所有的诸侯王、列侯“马二驷”（八匹拉车的骏马），所有二千石职位以上的大臣都赐予“黄金二斤”，赐给所有的吏民“户百钱”。

所有的宫女都放归娘家，终身免役。

他临终的赏赐比较实在，至于老百姓，在十天前太子行冠礼时为表示普天同庆，汉景帝已经下令赐予天下所有“为父后者”(父亲爵位唯一的继承人）一级爵位。当然按照儒家遵循的周礼，冠礼应该满二十岁才行，而这一年刘彻只有十六岁，居然就行冠礼算成年了。

汉景帝没有他父亲那样的人格感召力，也没有他父亲那样的政治才能。尽管史书上说他的母亲窦太后喜爱黄老之学，从小给汉景帝及其兄弟们请道家的老师，让他们学习黄老学说，但这些学习的经历好像没有很明显地在他发布的诏书里留下太多的痕迹。好在他也没有太大的雄心，在政治上基本按照父亲的既定方针办。汉景帝好像也没有给他的太子很多的忠告，不像他父亲曾经做过的那样。

文景之治的时代就这样打上了句号。

## 文景之治的历史评价

司马迁在《史记·孝景本纪》的末尾，给文景两代皇帝的统治作了个简短的总结：“汉兴，孝文施大德，天下怀安，至孝景，不复忧异姓，而晁错刻削诸侯，遂使七国俱起，合从而西乡，以诸侯太盛，而错为之不以渐也。及主父偃言之，而诸侯以弱，卒以安。

安危之机，岂不以谋哉？”

尽管司马迁在《史记》中提到汉文帝时处处表现出崇拜之情，但在最后对于汉文帝、汉景帝两代的总结上，他还是比较冷静。指出汉文帝以大德来怀柔，消除了来自异姓贵族集团也就是功臣集团对于皇朝的威胁。汉景帝时代的矛盾则在以皇帝为代表的朝廷与同姓皇族诸侯之间爆发，为此他指责汉景帝偏信晁错，急于削藩，使得皇族内部矛盾激化，导致七国之乱。相比之下，汉武帝后来采取了主父偃的办法，实行“推恩令”，允许诸侯王将国土给儿子们分散继承，诸侯力量由此薄弱，再也不能成为朝廷的威胁。

司马迁把文景两代的主要问题归结为解决威胁到朝廷的利益集团，是非常了不起的。至于汉文帝是不是仅仅靠人格力量怀柔了功臣集团，我们已经知道，实际上并不是那么回事。

大约两百年后，读了一肚子儒家经典的班固，在《汉书·景帝本纪》最后的一段赞语中，就没有这样的历史眼光了。他说：“孔子称：‘斯民，三代之所以直道而行也。’信哉！周秦之敝，罔密文峻，而奸宄不胜。汉兴，扫除烦苛，与民休息。至于孝文，加之以恭俭，孝景遵业，五六十载之间，至于移风易俗，黎民醇厚。周云成康，汉言文景，美矣！”

他的意思很明确，汉文帝、汉景帝父子两代在汉初与民休息的基础上，又以恭俭为原则，实现了移风易俗，使得百姓的道德风俗都趋于醇厚，正如孔子所说的，老百姓要经过三代的教育才能够遵循道德引导。于是，班固以为文景时代是一个足以和周成王、康王时代并列的伟大的时代，是一个社会道德风尚达到了顶峰的时代。

后来的史学家都接受了班固提倡的道德史观，只有司马光觉得把儒家的历史观简单化到这个程度有点对不住孔夫子。于是他在《资治通鉴》中引用了班固那段话后，又将《史记》和《汉书》的其他记载糅合一起，接写了一段总结与评价：

汉朝承接秦朝战乱，经济凋敝，财产匮乏，天子都凑不齐一样颜色的四匹马来拉车，将相大臣有的只好乘牛车，普通百姓家里没有任何积蓄。战争结束后，汉高祖禁止商人穿丝绸、乘坐马车，还加重赋税。后来汉惠帝、高太后时，不再严格执行贱商法令，只是禁止商人的子弟出任官职。同时，汉朝开始严格建立制度，在明确官吏的俸禄、设定各官府的用度后向百姓征发赋税。还实行财政分立制，皇帝以及各诸侯都有自己的收入，皇帝依靠的是山川、园池、市井租税，诸侯等依靠封地的收入，并不依靠朝廷的税收。向长安地区输送粮食的漕运，从关东各地到关中，每年只有数十万石。后来文景两代，实行“清净恭俭”，大力减少朝廷的支出，让民间积蓄财力。于是汉初的七十多年之间，国家没有什么大的花费，只要没有水旱之灾，百姓就可以自给自足。城乡的粮仓都装得满满的，政府的库藏也有大量的积蓄。长安城里朝廷仓库里的铜钱“累巨万”，穿在钱眼里的绳索都烂掉了，没有办法清点数额；太仓里堆积的粮食陈陈相因，都堆到了外面，很多都腐败不可食用。城里到处都有马，田野里的马匹更是成群，骑母马的都被人鄙视，无法参加聚会。乡里的小吏都吃好米好肉，做官吏的子孙相继，把职位当成了姓氏传给后代。由于人人丰衣足食，因此人人自爱，不轻易犯法，行为也都符合礼仪。

司马光的这段述评显然是从经济问题着眼，认为文景之治的最大贡献是节省政府支出，藏富于民，使社会得以保持安定。不过他后面的评论话锋一转：

也就在这个时候，法网疏阔，百姓富裕，财主们日益骄溢，进行兼并；豪强结党，武断乡曲，控制一地。皇族宗室有封土的限制，而朝廷自公、卿、大夫以下，都竞相奢侈，房屋、车、服装都僭用高等级的标准而毫无限度。

司马光感叹：“物盛而衰，固其变也。”因此，后来出现了汉武帝时对内穷奢极欲、对外不断征伐的事情，很快耗尽了国家的财力。

## 重民的背后

今天看来，司马迁、司马光对文景之治的评价还是比较中肯的。

汉文帝上台后最大的政治难题是对付功臣集团。既然功臣集团能够立他为皇帝，那么要废他也是容易的。所以汉文帝上台后要想办法让普通民众听到他的声音，这是他屡屡赐民爵、赐牛酒、废肉刑、发布德政诏书的主要动力之一。古代的民众并不享有民主权利，但至少可以加大大臣们发动叛乱、进行战争动员的阻力。

尽量向民众宣传皇帝仁慈、爱民的正面形象，至少可以将民众的怒火引向那些直接压迫他们的官吏，而对皇帝永远保存着幻想。所以汉景帝尽管任用酷吏，但他却再三下诏明确宣布审判要宽大，允许疑难案件逐级上报，来博取一个仁慈的名声。

除了这些故作姿态的举措外，汉文帝与汉景帝还有计划地推行提升平民社会地位、改换其身份可能性的社会政策。从汉文帝登基的当天开始，父子两位皇帝就经常“赐民爵”，不断让平民产生社会地位提高的印象。另外，正如司马光所指出的那样，两位皇帝放松了汉初贱商的法令约束，并且实施经济放任政策，让商人有自由经营的空间。

司马迁、司马光都没有提及的还有，汉文帝、汉景帝拓宽了平民入仕途的道路。汉文帝登基后第二年（前178年）就要求各地推荐“贤良方正能直言极谏者”，使平民可以通过上书建言来获取官职。这后来成为汉代举荐制度的滥觞。

平民出身的官吏起先没有拥有军功爵位者那样明确的特权身份，汉景帝在前144年特意下诏，说：“夫吏者，民之师也。车驾、衣服宜称。”特意设立制度：年俸二千石以上的官员（郡守及朝廷九卿），可以乘坐插着两面红旗的车辆；一千石至六百石的（后者为县令级别），左面应插有一面红旗。还设定了服装、车辆装饰等具体制度，并要求对出行不按规定、打扮不能显示官吏等级的，各地应该检举。

汉景帝在死前一年（前142年）还曾下诏，进一步放宽出任官吏的资格限制。原来秦及汉初都规定，出任官职的人应该“訾十算以上”（当时每万钱要纳税一百二十钱为一算，也就是说家产应在十万钱以上）。汉景帝指责说，资产太少的人不可以为官，可是资产多的商人又不能出任官职，是不合理的，所以他将出任官职的资产标准改为四算（家产四万钱就可以出任官职）。

## 家国一体

从文景之治悄悄开始的另一场革命，是皇权体制的进一步完善。

汉文帝将秦及汉初以来的宦皇帝及官吏两大队伍打通，以至于这两者之间的区别越来越模糊，职能越来越混同。原来只是皇帝侍从的宦皇帝被皇帝派到朝廷任职，或者直接接管了原来朝廷大臣的某些事务。这在秦末赵高揽权时也曾出现过，但在汉初并非如此。

与之相称的，是朝廷政治决策权进一步向皇帝集中。汉文帝和汉景帝任用的丞相，大多是功臣集团的代表性人物，但两位皇帝的决策却往往和丞相关系不大，主要依靠身边的侍从以及后来的外戚。

为了抵制过于强大的功臣集团势力，汉文帝努力地寻找着足以信赖的利益集团，在他看来这个集团应该是天然同盟——皇族势力。他扶植淮南王刘长，不顾亲信谋士的再三劝阻，分封自己的儿子为诸侯王。而他的儿子汉景帝却因为老爸坚定推行的这个政策吃足苦头，惊慌失措地想要削藩，引起反叛势力空前团结地绝地反击，好不容易镇压下去后，汉景帝又大力加强对诸侯王的控制。以前朝廷对诸侯国就派出一个丞相，其他的官员都是当地自行任命的。汉景帝平叛后，先是取消诸侯国丞相的那个“丞”字，只叫“相”，表示低一级；同时开始直接任命各诸侯国二千石级别的官员，包括军队的指挥、宫殿的守卫等。

皇族的兄弟们不大可靠，自己的儿子们又还比较小，能够支持皇帝的力量就只有外戚了。本身就强悍的窦太后，给了皇帝儿子太多的建议。汉景帝的王皇后也是工于心计的女人，善于吹枕边风。窦家的窦婴，王家的王信、田蚡、田胜，都迅速在朝廷里占据了位置，发挥着越来越大的影响。周亚夫死后，从此没有人再来阻挡外戚封侯，汉景帝将王皇后的哥哥王信封为盖侯。后来汉武帝刘彻一上台，发布的第一批政令里，就是将王皇后的另外两个同母异父兄弟封侯，田蚡为武安侯，田胜为周阳侯。

文景之治时代，刘氏的天下真正成为刘氏家族的天下。

## 文景之治结束

一个勉强的政治平衡局面结束了。朝廷有了财力，有了独占决策权的皇帝，且已经没有了与之对抗的集团化势力：功臣集团已经被大大削弱势力，失去了原有的号召力与政治能量；文武官队伍已经逐渐平民化且只能形成一些联系不紧密的小集团；外戚集团刚刚兴起，还是皇帝对付大臣的帮手；皇族诸侯王已被分化，难以再联合为一股反叛势力。

此时，在皇位上的是一位年轻、富有活力的皇帝，他继承了巨大的财力和丰厚的政治遗产。对外的冲击已是不可避免，这必将带来对内的变革。一个大有为的时代来临了。